Heide Göttner-Abendroth

Der Weg zu einer egalitären Gesellschaft

Prinzipien und Praxis der Matriarchatspolitik

DRACHENVERLAG

Matriarchale Perspektiven
herausgegeben von Heide Göttner-Abendroth

Heide Göttner-Abendroth – Der Weg zu einer egalitären Gesellschaft
Prinzipien und Praxis der Matriarchatspolitik

Umschlaggestaltung: Nele Hybsier
Foto der Autorin: Bernadette Muthien
Layout, Satz und Herstellung: www.humantouch.de
Druck und Bindung: Finidr, s.r.o., Český Těšín
Printed in Czech Republic

ISBN 978-3-927369-33-7

Inhalt

Warum Matriarchatsforschung?

Während meines ganzen Lebens bin ich mit der Erforschung der matriarchalen Gesellschaftsform in Gegenwart und Vergangenheit beschäftigt und wurde so zur Begründerin der modernen Matriarchatsforschung. Diese ist nicht irgendeine nebensächliche, exotische Erscheinung, im Gegenteil: Sie fördert ein Wissen von nicht-patriarchalen, grundsätzlich egalitären gesellschaftlichen, politischen und kulturellen Mustern ans Licht, das wir in dieser global destruktiven Phase des Spätpatriarchats dringend brauchen. Denn Matriarchate waren in ihrer langen geschichtlichen Epoche und sind in ihren letzten, heute noch existenten Beispielen Gesellschaften, die ohne Herrschaft, ohne Hierarchie und ohne Krieg als organisiertes Töten ausgekommen sind. Sie kennen insbesondere keine Gewalt gegen Frauen und Kinder, von der die patriarchalen Gesellschaften auf der ganzen Erde randvoll sind.

Matriarchale soziale und geistige Kultur beruht auf dem Grundsatz, dass die Menschheit aus Zwei besteht, aus zwei gleichwertigen Geschlechtern. Davon sind die patriarchalen Denker und leider auch die neuen Kulturphilosophen weit entfernt. Denn bei ihnen werden universelle Gedanken für die ganze Menschheit formuliert, die jedoch aus männlichen Lebensentwürfen und Weltvorstellungen stammen. Auf diese Weise wird die Frau unsichtbar gemacht, denn stillschweigend oder unbewusst setzt sich der Mann als Norm, demgegenüber die Frau – falls sie überhaupt vorkommt – nur als die Abweichung und angehängte Nebensache erscheint.

Diese Fakten und Einsichten als Forschungsergebnisse haben mich – trotz aller Anfeindungen, die ich wegen dieses Themas ständig erlebe – meine Arbeit jahrzehntelang weiterführen lassen. Es war diese Forschung selbst, die mich mehr und mehr dahin führte, dem Wissen von matriarchalen Gesellschaftsmustern für uns heute und für die Zukunft einen hohen Stellenwert beizumessen.

Denn die matriarchale Gesellschaftsform ist, im Gegensatz zu vielen Gesellschaftsentwürfen, keine abstrakte Utopie. Solche Utopien haben in der menschlichen Geschichte niemals funktioniert. Sondern die matriarchale Gesellschaftsform ist über die längsten Zeiträume der Kulturgeschichte gelebte, praktische Erfahrung und gehört damit zum unverzichtbaren kulturellen Wissensschatz der Menschheit. Es gibt in ihr sehr konkrete und detaillierte Regeln, wie das Zusammenleben bedürfnisorientiert, friedlich, gewaltfrei, das heißt schlicht human, organisiert werden kann. Diese Regeln sind keineswegs ein naiv-naturwüchsiges Produkt, sondern stellen eine bewusste Kulturschöpfung dar.

☐ Was ist ein Matriarchat?

Meine Aussagen möchte ich nun belegen durch die aus meiner lebenslangem Forschung zu diesem Thema hervorgegangene Definition der matriarchalen Gesellschaftsform, die zugleich deren Tiefenstruktur beschreibt. Diese Definition ist der Kern der sich rasch entwickelnden neuen Wissenschaft der modernen Matriarchatsforschung, und ich fand die Definition nicht durch abstrakte Gedankenspiele, sondern durch die Sichtung und Analyse von umfangreichem ethnologischem Material. Die moderne Matriarchatsforschung wurde auf zwei „Weltkongressen für Matriarchatsforschung", die ich organisierte und leitete, 2003 in Luxemburg und 2005 in den USA einem großen Publikum vorgestellt.

Ich gebe hier in aller Kürze die Tiefenstruktur der matriarchalen Gesellschaftsform auf der ökonomischen Ebene, der sozialen Ebene, der politischen Ebene und der kulturellen Ebene an:

Auf der ökonomischen Ebene sind Matriarchate meistens, aber nicht ausschließlich Ackerbaugesellschaften. Es wird Subsistenzwirtschaft mit lokaler und regionaler Autarkie praktiziert. Land und Häuser sind Eigentum des Clans im Sinne von Nutzungsrecht; Privatbesitz und territoriale Ansprüche sind unbekannt.

Die Güter sind in lebhaftem Austausch, der den Verwandtschaftslinien und Heiratsregeln folgt. Dieses System des Austauschs basiert auf einer Ökonomie des Schenkens, und es verhindert, dass Güter bei einem Clan oder bei einer Person akkumuliert werden können. Das Ideal ist Verteilung und nicht Akkumulation. Vorteile und Nachteile beim Erwerb von Gütern werden durch soziale Regeln ausgeglichen, z. B. ist es üblich, dass ein wohlhabender Clan bei den zahlreichen gemeinschaftlichen Festen das ganze Dorf einlädt, wobei er seine Güter als Geschenke an alle gibt. Das vermindert den Wohlstand dieses Clans, doch das Schenken bei den Festivitäten geht reihum zu jenen, die das meiste Glück bei Ernten oder beim Handel hatten. Dafür haben die schenkenden Clans „Ehre", d. h. soziales Ansehen, gewonnen. Auf diese Weise werden ökonomische Unterschiede immer wieder nivelliert

Auf der ökonomischen Ebene sind Matriarchate daher gekennzeichnet von perfekter Gegenseitigkeit, ich definiere sie daher als Ausgleichsgesellschaften auf der Basis einer Ökonomie des Schenkens.

Im Gegensatz dazu sind Patriarchate auf allen ihren geschichtlichen Stufen immer Akkumulationsgesellschaften, bei denen die Güter aller Menschen in den Händen von wenigen landen.

Auf der sozialen Ebene beruhen matriarchale Gesellschaften auf dem Clan. Matriarchale Menschen leben in großen Sippen zusammen, die nach dem Prinzip der Matrilinearität, der Verwandtschaft in der Mutterlinie, aufgebaut sind. Der Clanname, alle sozialen Würden und politischen Titel werden in der mütterlichen Linie vererbt. Ein solcher Matri-Clan besteht aus mindestens drei Generationen von Frauen: die Clanmutter und ihre Schwestern, deren Töchter und Enkelinnen und den direkt verwandten Männern: die Brüder der Clanmutter, die Söhne und Enkel.

Ein Matri-Clan lebt im großen Clanhaus zusammen, das zehn bis 100 Personen je nach Größe und architektonischem Stil umfassen kann. Die Frauen leben permanent hier, denn Töchter und Enkelinnen verlassen niemals das mütterliche Clanhaus. Man nennt dies Matrilokalität. Ihre Gatten oder Geliebten, die in ihren Mutterhäusern wohnen, kommen in sogenannter Besuchsehe nur über Nacht zu ihnen.

Der Clan ist eine autarke Wirtschaftseinheit. Um zu erreichen, dass diese autarken Gruppen ein gesellschaftliches Gefüge mit den anderen Clans des Dorfes oder der Stadt bilden, wurden komplexe Heiratsregeln entwickelt, z. B. die Regel der wechselseitigen Heirat zwischen je zwei Clans. Dazu gehören noch Regeln der freien Wahl mit den anderen Clans, mit der beabsichtigten Wirkung, dass alle Mitglieder des Dorfes oder der Stadt durch Geburt oder Heirat näher oder ferner miteinander verwandt sind. Diese Verwandtschaft stellt ein gegenseitiges Hilfssystem nach festen Regeln dar. Auf diese Weise wird eine nicht-hierarchisch organisierte, horizontale und egalitäre Gesellschaft erzeugt, die sich als erweiterter Clan mit allen wechselseitigen Hilfsverpflichtungen versteht.

Ich definiere matriarchale Gesellschaften auf der sozialen Ebene deshalb als horizontale matrilineare Verwandtschaftsgesellschaften.

Patriarchale Gesellschaften bestehen demgegenüber aus untereinander Fremden, die Herrschafts- und Interessengruppen bilden, die als Ego-Gruppen gegeneinander antreten und sich unaufhörlich bekämpfen. Das gesellschaftliche Gleichgewicht bleibt dabei immer prekär.

Auf der politischen Ebene sind die Prozesse der Entscheidungsfindung ebenfalls entlang den Verwandtschaftslinien organisiert. Basis jeder Entscheidungsfindung sind die einzelnen Clanhäuser. Angelegenheiten, die das Clanhaus betreffen, werden von den Frauen und Männern in einem Prozess der Konsensfindung, d. h. durch Einstimmigkeit, entschieden.

Dasselbe gilt für Entscheidungen, die das ganze Dorf betreffen: Nach dem Rat im Clanhaus treffen sich Delegierte der einzelnen Clanhäuser im Dorfrat, in manchen Gesellschaften die Clanmütter selbst, in anderen die gewählten Mutterbrüder, der ihren Clan nach außen vertreten. Im Dorfrat treffen sich keine Entscheidungsträger, sondern nur Delegierte, die miteinander austauschen, was die einzelnen Clanhäuser beschlossen haben. Sie halten das Kommunikationssystem im Dorf aufrecht und gehen so lange zwischen Clanrat und Dorfrat hin und her, bis alle Clanhäuser auf Dorfebene den Konsens gefunden haben.

Dasselbe gilt wiederum auf regionaler Ebene: Hier werden die Entscheidungen der Dörfer und Städte auf regionaler Ebene ebenfalls von Delegierten, in der Regel den angesehenen Männern, durch Information koordiniert. Auch hier gehen die Delegierten zwischen Dorfrat und regionalem Rat solange hin und her, bis die Region durch alle Clanhäuser aller Dörfer ihre Entscheidung im Konsens gefunden hat.

Es ist klar, dass sich in einer solchen Gesellschaft Hierarchien und Klassen nicht bilden können. Ein Machtgefälle zwischen den Geschlechtern oder zwischen den Generationen kann ebenfalls nicht entstehen. Minderheiten werden nicht durch Mehrheitsentscheidungen ausgegrenzt und stimmlos gemacht, denn sämtliche politische Entscheidungen fallen in den Clanhäusern, wo die Menschen leben, d. h. sie fallen „basisdemokratisch". Auf der politischen Ebene definiere ich Matriarchate daher als egalitäre Konsensgesellschaften.

Patriarchate sind demgegenüber grundsätzlich Herrschaftsgesellschaften, sogar noch in ihrer Spielart als formale Demokratien, welche die Minderheiten stimmlos machen. Außerdem sind sie von zahlreichen Institutionen und Hierarchien durchsetzt, die keineswegs demokratisch funktionieren.

Auf der spirituell-kulturellen Ebene kennen matriarchale Gesellschaften keine religiöse Transzendenz mit einem unsichtbaren, ungreifbaren, unbegreifbaren, aber allmächtigen Gott, demgegenüber die Welt als „Jammertal von Sünde und Leid" oder gar als „tote Materie" abgewertet wird. Der matriarchale Begriff von Göttlichkeit ist immanent, denn die gesamte Welt wird als göttlich betrachtet, und zwar als weiblich göttlich. Dies belegen die alten Vorstellungen von der Göttin als Universum, die Schöpferin ist, und der Mutter Erde, die alles Lebendige hervorbringt. Deshalb besitzt alles Göttlichkeit, jede Frau und jeder Mann, jedes Tier und jede Pflanze, der kleinste Stein und der größte Stern.

In einer solchen Kultur ist alles spirituell. In ihren Festen, die dem Jahreszeitenzyklus folgen, wird auch alles gefeiert: die Natur mit ihren verschiedenen Erscheinungen, die verschiedenen Clans mit ihren Fähigkeiten und Aufgaben, die verschiedenen Geschlechter und die verschiedenen Generationen, nach dem Prinzip: Vielfalt ist der Reichtum in allem. Es gibt keine Trennung zwischen dem Sakralen und dem Profanen, deshalb ist auch im alltäglichen Leben jede Handlung wie z. B. Säen, Ernten, Kochen, Weben, Reisen zugleich ein bedeutungsvolles Ritual.

Auf der spirituellen Ebene definiere ich Matriarchate daher als sakrale Gesellschaften und Kulturen des Weiblich-Göttlichen bzw. der Göttin.

Demgegenüber werden in Patriarchaten die religiösen und spirituellen Fähigkeiten der Menschen benutzt, um in Welt- und Staatsreligionen die Prinzipien der Herrschenden zu unterstützen.

□ Anregungen für eine neue Gesellschaft

Vor diesem Hintergrund möchte ich einige Anregungen für eine neue Gesellschaft formulieren, die in den folgenden Kapiteln weiter ausgeführt werden.

Der Weg in die egalitäre Gesellschaft wird matriarchale Spiritualität und Politik miteinander verbinden müssen, um zu einer anderen Ökonomie und Gesellschaftsordnung zu führen. Wie das möglich sein kann, führen uns die matriarchalen Gesellschaften deutlich vor Augen. In ihnen sind Ökonomie, Politik, Sozialordnung und Spiritualität untrennbar verbunden, um allen ein gutes Leben zu ermöglichen – das stellt ihr Regelwerk sicher.

Dabei können wir heute klarerweise keine Muster übernehmen, die historisch vergangen sind, wie z. B. die blutsverwandten Clans oder die alleinige Ackerbau-Ökonomie. Denn Geschichte und soziale Entwicklungen lassen sich nicht zurückdrehen. Aber wir können von diesen jahrtausendelang erprobten Mustern egalitärer Gesellschaften vielfältige Anregungen erhalten für unseren Weg in eine neue egalitäre Gesellschaft.

So ist auf der ökonomischen Ebene keine weitere Steigerung der Großindustrien und des sogenannten Lebensstandards mehr möglich, auf Gefahr hin, die Biosphäre der Erde vollends zu zerstören. Hier öffnet sich als Alternative die Subsistenzperspektive als Wirtschaftsform der kleinen und regionalen Einheiten. Diese wirtschaften selbstgenügsam und autark, wobei die Lebensqualität vor der Quantität unbedingten Vorrang hat. Weltweit geht es darum, die Strukturen von Subsistenzwirtschaft, die es noch gibt und in denen meistens Frauen die Wirtschaftsträgerinnen sind, zu stärken und zu erweitern, sie keinesfalls der wirtschaftlichen Globalisierung der Großkonzerne zu opfern. Diese Regionalisierung zugunsten der Frauen ist ein matriarchales Prinzip.

Auf der sozialen Ebene geht es darum, aus der weiteren Atomisierung der Gesellschaft herauszukommen, welche die Menschen immer tiefer in Vereinzelung und Vereinsamung treibt und sie krank und destruktiv werden lässt. Denn das ist der Nährboden für Gewalt und Krieg. Es geht um die Bildung wahlverwandter Gemeinschaften verschiedener Art, seien diese nun Lebensgemeinschaften oder Nachbarschaftsgemeinschaften oder Netzwerke. Wahlverwandtschaft bildet sich aber nicht durch bloße Interessengemeinschaft, solche Gruppen entstehen und zerfallen schnell. Sondern Wahlverwandtschaft entsteht nur auf dem Boden einer spirituell-geistigen Übereinstimmung, durch sie wird ein symbolischer Clan gebildet, der mehr Verbindlichkeit hat als eine bloße Interessengruppe.

Das matriarchale Prinzip daran ist, dass solche wahlverwandten Clans grundsätzlich von Frauen initiiert, getragen und geleitet werden, womit Frauen heute überall beginnen können oder schon begonnen haben. Der Maßstab sind nämlich die Bedürfnisse von Frauen und Kindern, welche die Zukunft der Menschheit sind, und nicht die Macht- und Potenzwünsche von Männern. Diese haben zu den patriarchalen Großfamilien und politischen Männerbünden geführt, die ein hohes Maß an Unterdrückung und Ausschluss für Frauen enthalten. In die neuen Matri-Clans werden Männer hingegen von den Frauen vollgültig integriert, aber gemäß einem anderen Wertesystem, nämlich der Orientierung an gegenseitiger Fürsorge und Liebe statt an der Macht. Darin leben auch die Männer besser als im Patriarchat.

Auf der Ebene der politischen Entscheidungsfindung ist das matriarchale Konsens-Prinzip für eine wirklich egalitäre Gesellschaft unverzichtbar. Es kann hier und jetzt, sofort und überall eingeübt werden. Denn es ist das impulsgebende Prinzip für matriarchale Gemeinschaftsbildung überhaupt, zugleich verhindert es bei neuen symbolischen Clans verschiedenster Art jegliche Herrschaftsbildung von Einzelnen oder Gruppen. Es stellt die Balance zwischen Frauen und Männern her, aber auch zwischen den Generationen, denn sowohl die alten Menschen wie auch die Jugendlichen kommen dabei vollgültig zu Wort. Es ist zudem das eigentlich demokratische Prinzip, denn es löst ein, was die formale Demokratie verspricht, aber nicht hält.

Gemäß diesem Prinzip sind die kleinen Einheiten der neuen Matri-Clans die tatsächliche Entscheidungsträger, aber es ist nur bis zur Größe von Regionen ausweitbar. Blühende, autarke Regionen sind allerdings gemäß der Subsistenzperspektive das politische Ziel, nicht die immer größeren Einheiten wie Nationen, Staaten-Unionen und Supermächte, die den ohnehin Herrschenden immer größere Macht bescheren und in denen die einzelnen Menschen zu „Menschenmaterial", „Humankapital" oder gar Nummern herabsinken.

Auf der spirituell-kulturellen Ebene kommt man nicht umhin, sich von allen hierarchischen Religionen mit transzendentem Gottesbegriff und absolutem Wahrheitsanspruch zu verabschieden, welche die Welt, die Erde, die Menschen, insbesondere die Frauen, tief herabgewürdigt haben. Stattdessen geht es um eine neue Heiligung der Welt gemäß der matriarchalen Vorstellung, dass die ganze Welt mit allem, was darin und darauf ist, göttlich ist. Das führt dazu, auch alles auf eine kreative, freie Weise wieder zu ehren und zu feiern: die Natur mit ihren Erscheinungen und Wesen und die Ordnung der menschlichen Gemeinschaften. Letzteres geschieht, indem einmal die Frauen, einmal die Männer, dann wieder die Alten oder die Kinder mit ihren jeweils besonderen Fähigkeiten, ihrer jeweils besonderen „Würde", geehrt und gefeiert werden. Auch jeder Schritt auf dem Weg, den wir tun, um eine neue egalitäre Gesellschaft zu finden, ist ein Fest wert. Denn jeder dieser Schritte ist ein Stück neuer Frauengeschichte, die der Welt ein Beispiel geben könnte, wie die ganze Menschheit glücklicher leben kann.

Auf diese Weise kann matriarchale Spiritualität alles und jedes durchdringen und wird wieder ein normaler Teil aller Tage werden. Zugleich zeigt sich in ihr das Prinzip der matriarchalen Toleranz, denn niemand muss an etwas „glauben". Denn sie ist kein Dogma, keine Lehre auf dem Boden „heiliger" Bücher, sondern die unaufhörliche, vielfältige Feier des Lebens und der sichtbaren Welt.

In diesem Sinne kann der Weg in die egalitäre Gesellschaft nicht anders als ganzheitlich sein, ohne verschwommen zu sein, und er muss immer konkret sein, ohne sich in unzusammenhängenden Einzelheiten zu verlieren. Ich nenne die Vision, die alle diese Eigenschaften integriert, ein matriarchales Modell. Einem Modell selbst wohnt kein Zwang inne, es zu befolgen, denn nur in Herrschaftszusammenhängen werden Modelle mit Zwang durchgesetzt. In freier Kommunikation ist ein Modell eine klare Idee, und es kann als praktischer Leitfaden für eine bessere Zukunft freiwillig angenommen werden, um verschiedene alternative Bestrebungen und Aktionen zu integrieren.

Nach meiner Auffassung werden von den heutigen alternativen Bewegungen viele Schritte getan, die implizit zu dem matriarchalen Modell, das hier gegeben wird, tendieren. Diese Bewegungen breiten sich, weltweit gesehen, immer rascher von unten aus, wie

- die verschiedenen sozialen Bewegungen,
- die ökologischen Bewegungen,

- die diversen Friedensbewegungen,
- die verschiedenen Frauenbewegungen,
- die Bewegungen indigener Völker,
- die Bürgerbewegungen,
- die Gemeinschaftsbewegungen.

Sie alle enthalten unterschiedliche Spektren traditioneller und kreativer neuer matriarchaler Muster, die teilweise unbewusst, teilweise bewusst sind. Die traditionellen Muster sind gegeben und werden neu interpretiert. Neue Muster werden meist aus der Praxis gefunden und manchmal als Leitideen formuliert. In diesem Sinne sind die Menschen in diesen Bewegungen bereits auf dem Weg zu einer neuen, gerechten und friedfertigen matriarchalen Gesellschaft.

In meinen folgenden Beiträgen möchte ich das matriarchale Modell schrittweise für jede Ebene näher erläutern und zeigen. Dazu braucht es eine sorgfältige und behutsame Übertragungsreflexion von matriarchalen Mustern auf heutige Verhältnisse. Wir können sie ja nicht einfach kopieren, denn Geschichte und soziale Entwicklungen lassen sich nicht zurückdrehen.

Aber wir können von der hohen sozialen Intelligenz, die in diesen Mustern steckt, vielfältige Anregungen für unsere eigene kreative Phantasie bei der Bildung und Weiterentwicklung von neuen Bausteinen für eine neue matriarchale, d. h. egalitäre Gesellschaft gewinnen.

Teil 1 Schritte zu einem matriarchalen Modell

1 Matriarchale Sozialordnung

Es sind die besonderen Merkmale der Sozialordnung, weshalb nicht-patriarchale Gesellschaften „matriarchal" genannt werden. Diese Merkmale sind für uns, die wir patriarchale Sozialmuster wie die zweite Natur verinnerlicht haben, sehr brisant. Auf keinen Fall bestätigen sie die gängigen Vorurteile, dass in Matriarchaten „Frauen das Sagen haben" oder gar „herrschen". Keine der ernstzunehmenden Matriarchatsforscherinnen hat das jemals behauptet. Solche Vorurteile spiegeln lediglich patriarchale Muster, die nun in platter Umkehrung auf Frauen übertragen werden. Dies zu behaupten zeigt nur zu deutlich, dass Vorstellungen von Hierarchie und Herrschaft das Denken völlig besetzt und verformt haben, so dass Bilder von egalitären Lebensformen, wie Matriarchate es sind, gar nicht mehr in den Sinn kommen.

Man muss sich auch nicht an dem Begriff „Matri-archat" aufhängen, denn er ist nicht, gegen den Anschein, die Parallele zum Begriff „Patri-archat". Das Wort „arché" bedeutet im Griechischen sowohl „Herrschaft" wie „Anfang", wobei die zweite Bedeutung die ältere ist. „Patriarchat" müssen wir klarerweise mit „Herrschaft der Väter" übersetzen, während „Matriarchat" eigentlich heißt „am Anfang die Mütter". Und das trifft die Sache. Denn einmal sind Matriarchate kulturgeschichtlich wesentlich früher als Patriarchate aufgetreten. Zum anderen respektieren sie, dass die Mütter der Anfang jedes lebenden Wesens sind. Und diese natürliche Tatsache haben sie in ein kulturelles Gefüge verwandelt.

☐ Die Bedeutung der Mutterlinie

So ist für ein matriarchales Gefüge kennzeichnend, dass die Verwandtschaft in der Mutterlinie bestimmt wird, das heißt, es gilt „die symbolische Ordnung der Mutter“. Der Grund dafür ist nicht, dass die Menschen so primitiv gewesen wären, dass sie nicht einmal die Vaterschaft kannten (Jargon der Missionare). Die Vaterschaft war zum Teil bekannt, aber sie spielte keine Rolle, weil sie nicht das formgebende Prinzip der Gesellschaft bildete. Zum Teil war sie wegen der Mehrfachbeziehungen im Liebesleben auch unbekannt, denn unter solchen Bedingungen ist Vaterschaft nicht bestimmbar, die Mutterschaft durch Geburt jedoch immer.

Die Mutterlinie oder Matrilinearität ist ein grundlegendes Prinzip, denn nach ihr bilden sich die blutsverwandten Gemeinschaften der Clans, welche die soziale Lebenswelt matriarchaler Menschen sind. Nicht nur der Sippenname, sondern auch alle sozialen Würden und politischen Titel werden in der Mutterlinie im Clan vererbt. Ein solcher Matri-Clan lebt in einem großen Sippenhaus zusammen. Hier wohnen die Clanmutter und ihre Schwestern, deren Töchter und Enkelinnen sowie die direkt verwandten Männer: die Brüder, Söhne und Enkel der Clanmutter und ihrer Schwestern. Dabei leben die Frauen permanent hier, sie verlassen niemals das mütterliche Clanhaus, wenn sie heiraten. Man nennt dies Matrilokalität.

Jeder Matri-Clan in Dorf oder Stadt ist eine autarke Wirtschaftseinheit. Um zu erreichen, dass diese autarken Gemeinschaften ein gesellschaftliches Gefüge mit den anderen Clans der Ortschaft bilden, wurden komplexe Heiratsregeln entwickelt. So gibt es die Regel der wechselseitigen Heirat zwischen je zwei Clans, verbunden mit einer gewissen Wahlfreiheit noch in den anderen Clans. „Heirat“ darf dabei nicht als lebenslange Monogamie verstanden werden – diese Form ist in Matriarchaten unbekannt – sondern die Ehe dauert eher kurz. Sie ist nicht mehr als eine Liebesbeziehung, die ein paar Wochen, ein paar Monate oder ein paar Jahre anhält. Die Wirkung der Heiratsregeln ist jedoch, dass alle Bewohner in Dorf oder Stadt als Folge davon durch geburt oder Heirat näher oder ferner miteinander verwandt sind. Das ist beabsichtigt, denn auf diese Weise stellt jede Ortschaft ein ausgebreitetes System matrilinearer Verwandtschaft dar, dessen Sinn es ist, ein wechselseitiges Hilfssystem zu sein. Auf diese Weise wird eine nicht-hierarchische, horizontale, egalitäre Verwandtschaftsgesellschaft geschaffen, die sich als erweiterter Clan mit allen Hilfsverpflichtungen versteht.

Das wird auch auf die regionale Ebene ausgedehnt, und zwar durch das Prinzip der symbolischen Matrilinie. Denn in allen Dörfern und Städten der Region gibt es Clans mit demselben Clannamen, was bewusst so eingerichtet worden ist. Wenn nun eine Person aus einem bestimmten Clan auf Pilger-, Handels- oder Freundschaftsreise in ein anderes Dorf kommt, in welchem es einen Clan mit demselben Namen gibt, dann wird sie bzw. er dort wie Schwester oder Bruder empfangen und aufgenommen, obwohl keine Blutsverwandtschaft mehr besteht. So wird eine ganze Region durch die symbolische Verwandtschaft samt ihrer Hilfsverpflichtungen miteinander verbunden, ein Prinzip, das manchmal sogar stammesübergreifend gebraucht wird. In diesem Sinne ist die Matrilinearität das formgebende Prinzip der ganzen Gesellschaft.

□ Das Verhältnis der Geschlechter

Frauen verlassen das mütterliche Clanhaus und damit ihre wirtschaftliche und soziale Sicherheit niemals. Gerade diese Sicherheit, die ihnen der matrilineare Clan gibt, erlaubt ihnen die freie Liebeswahl. Denn sie hängen nicht von einem Mann als Versorger ab wie in der bürgerlich-patriarchalen Kleinfamilie. Sie müssen bei einer Trennung vom Partner auch nicht Sorge haben, dass sie verarmen und ihre Kinder das Zuhause oder den Vater verlieren. Denn auch bei wechselnden Ehen oder Liebesbeziehungen bleibt der eigene Clan das permanente Zuhause. Da die Kinder beständig von allen Clanmitgliedern mitbetreut werden, verlieren auch diese bei Trennungen ihre festen Bezugspersonen nicht, auch nicht ihren „sozialen Vater“, den Mutterbruder.

Damit komme ich zur Rolle des Mannes im Matri-Clan: Junge Männer verlassen das Mutterhaus, wenn sie heiraten oder eine Liebesbeziehung eingehen. Aber sie müssen nicht allzu weit gehen, um ihre Geliebte oder Gattin zu treffen, denn diese wohnt in einem benachbarten Clanhaus und hat ihn zu sich in ihre Kammer eingeladen. Die Männer bleiben auch nicht allzu lange vom Mutterhaus fort, nur von der Abenddämmerung bis zum Morgengrauen. Man nennt diese klassisch-matriarchale Form Besuchsehe, sie ist eine sehr offene Form und auf die Nacht begrenzt. Das heißt, matriarchale Männer leben nicht bei ihren Gattinnen oder Geliebten, in deren Clanhaus sind sie nur zu Gast. Ihr Zuhause ist das Clanhaus der Mutter, in dem sie die Rechte und Pflichten eines vollen Clanmitglieds haben, denn hier leben und arbeiten sie.

Die Kinder der Gattinnen und Geliebten gehören zu deren Clanhaus, denn sie tragen den Clannamen der Mutter. Männer betrachten diese Kinder nicht als „ihre Kinder", weil sie nicht denselben Clannamen tragen wie sie. Hingegen haben ihre Schwesterkinder denselben Clannamen, daher betrachten Männer die Nichten und Neffen als „ihre Kinder", für die sie Fürsorglichkeit und erzieherische Mitverantwortung übernehmen. In diesem Sinne haben die Männer bei den Schwesterkindern die Rolle des „sozialen Vaters".

Beide Geschlechter haben ihre je eigene Würde, die sehr geachtet wird. Es gibt keine Herabwürdigung des einen unter das andere Geschlecht. Es gibt als Folge davon auch keine Angleichung des unterlegenen an das herrschende Geschlecht, wie wir es heute in der westlichen Welt bei der teils freiwilligen, teils erzwungenen Angleichung von Frauen an Männer sehen. Beide Geschlechter besitzen im Matriarchat ihre je eigene Sphäre, die je verschiedene wirtschaftliche, soziale wie spirituelle Elemente umfasst. Diese Sphären werden in allen Teilen aber reziprok aufeinander bezogen, nach dem Prinzip der Balance, so dass keine Macht über andere entstehen kann. Die allgemeine Verehrung der Frau im Matriarchat tut dem keinen Abbruch. Denn sie hat nicht mit ihr als Individuum, sondern generell als Wiedergebärerin der Ahninnen und Ahnen, als Schöpferin der Matrilinie und damit der ganzen Gesellschaft zu tun.

Das Verhältnis der Generationen

Genauso wie matriarchale Gesellschaften keinen „Geschlechterkampf“ kennen, ist ihnen auch der „Krieg der Generationen“ unbekannt. Es gibt nicht den Aufstand der Söhne gegen die Väter, denn dabei geht es um die patriarchale Machtergreifung. Es gibt auch nicht die Konkurrenz der Töchter gegen die Mütter, denn dabei geht es um den Mann, über den ein bisschen Anteil an der patriarchalen Macht erlangt werden kann. Ebenso sind die Verwahrlosung der Kinder und Jugendlichen wie die Vereinsamung oder Abschiebung der Ältesten keine Züge von matriarchalen Gesellschaften. Im Gefüge des Matri-Clans ist jede Person trotz verschiedener Fähigkeiten und Kräfte zuhause und wird gleichermaßen versorgt. Denn auch jede Generation hat ihre eigene Würde.

So gelten Kinder als die wiedergeborenen Ahninnen und Ahnen und sind deshalb heilig. In der jungen Generation (ca. 20 bis 40) ist die Würde der Frauen die Liebe, Kreativität und Mutterschaft, wobei nicht jede Frau Mutter sein muss, denn Schwestern praktizieren die gemeinsame Mutterschaft. Die Würde der jungen Männer ist ebenfalls die Liebe und der Schutz der Schwestern und Schwesterkinder. In der älteren Generation (ca. 40 bis 60) ist die Würde der Frauen, als Matriarchinnen für den Clan zu sorgen und ihn zu lenken, auch das teilen sich die Schwestern mit der ausdrücklich gewählten Matriarchin. Die Würde der älteren Männer ist, als gewählte Delegierte den Clan nach außen zu vertreten und ihn im politischen Sinne zu schützen. In der ältesten Generation (ab 60) ist es die Würde der Frauen und Männer, die Ahninnen und Ahnen zu verehren, die Traditionen zu hüten und sie den Jüngeren zu vermitteln, ferner die Matriarchinnen sowie die Vertreter des Clans durch den Rat der Ältesten zu beraten.

Da jede dieser Aufgaben oder Würden verschieden ist – entsprechend der Verschiedenheit von Altersstufe und Geschlecht – gibt es die Konkurrenz der Generationen untereinander nicht. Keine Generation braucht der anderen etwas wegzunehmen, denn im Laufe des Lebens kommt jede Frau und jeder Mann zu allen entsprechenden Würden. Es ist nur eine Frage der Zeit und der wechselnden Lebensphasen. Ihren schönsten Ausdruck findet diese Balance zwischen den Generationen in den Lebensstadienfesten, in denen die Würde jeder Altersstufe, einschließlich des Geschlechts, auf der spirituellen Ebene gefeiert wird.

Heute: Symbolische Matri-Clans

Viele Probleme der westlichen Welt erwachsen aus der Atomisierung der Gesellschaft, die für die Menschen extreme Individualisierung, Vereinsamung und soziale Verwahrlosung bedeutet. Eine solche Lebensweise hat keine Zukunft mehr, deshalb wird die Bildung und die Weiterentwicklung neuer Gemeinschaften immer wichtiger. Diese neuen Gemeinschaften folgen nicht mehr dem Prinzip der Blutsverwandtschaft, sondern der Wahlverwandtschaft, und sie bilden symbolische Matri-Clans. Die blutsverwandte Organisationsform ist, nachdem sie geschichtlich zur patriarchalen Großfamilie und später zur bürgerlichen Kleinfamilie mit krasser Ungleichheit der Geschlechter verbogen wurde, heute im Zerfall begriffen. Wahlverwandtschaft wird hingegen von geistigen Inhalten bestimmt, weshalb man sie auch „Gesinnungsverwandtschaft" nennen könnte. Sie ist offener als die Blutsverwandtschaft, denn sie ist nicht von Geburt an verpflichtend, sondern lässt die Freiheit geistiger Entscheidung zu. Aber sie ist bindender als zweckgerichtete Interessensgemeinschaften, die schnell entstehen und schnell zerfallen. Denn Wahlverwandtschaft schließt einen dauerhaften Zusammenhang mit gegenseitiger Hilfsverpflichtung ein, welcher dem blutsverwandten Clan nachempfunden ist.

Nun ist Wahlverwandtschaft ein sehr allgemeiner Begriff, der nicht ausreicht, um eine neue, matriarchal geprägte Gemeinschaft zu bilden oder abzubilden. Es muss eine Organisationsform hinzukommen, welche die egalitäre, latent matriarchale Tendenz verankert oder beschreibt. Diese ist der wahlverwandte Matri-Clan oder der „symbolische Matri-Clan". Eine heutige Gemeinschaft könnte sich als ein einziger Matri-Clan verstehen, oder sie könnte sich in einzelne Matri-Clans von ca. zehn bis zwanzig Personen aufgliedern, das hängt von ihrer Größe ab. Nach welchem Prinzip bildet sich nun der symbolische Matri-Clan, da die Blutsverwandtschaft ja entfällt?

Was hingegen nicht entfällt ist, dass es nach wie vor Frauen sind, die auch in neuen Gemeinschaften das junge Leben schenken, sie bilden als Mutter und Kind die elementare soziale Gruppe. Ohne sie gäbe es weder in Gemeinschaften noch in der Gesellschaft die nächste Generation und damit auch keine Zukunft. Frauen mit Kindern sorgen nicht nur für sich, sondern auch für andere, und darin liegt das clanbildende Prinzip. Deshalb sind sie der Mittelpunkt, von dem aus der symbolische Matri-Clan gebildet wird, der auf Wahlverwandtschaft beruht.

□ Bildung eines symbolischen Matri-Clans

Wie das geschieht, skizziere ich hier modellhaft in Kürze: Zunächst wählt sich eine Frau (zwei, drei Frauen) mit Kindern ihre „Schwestern", das heißt, einige Frauen ohne Kinder, die mit ihr die gemeinsame Mutterschaft ergreifen wollen. Für die Kinder heißen alle diese Frauen „Mutter", und für die Frauen sind alle diese Kinder „Tochter und Sohn". Da die Schwesterngruppe begrenzt ist, bietet sie den Kindern die nötige Nähe und Intimität. Auf diese Weise haben alle Frauen „Kinder", und zugleich gibt die gemeinsame Fürsorge jeder von ihnen – auch der leiblichen Mutter – genug Zeit für die Weiterentwicklung beruflicher Fähigkeiten. Vielleicht findet diese Schwesterngruppe auch noch einen schönen Namen, den sie ihrem wahlverwandten Kern-Clan geben will.

Im nächsten Schritt werden von diesen „Müttern" die Männer gewählt und in den Clan eingeladen, die ihre „Brüder" sein sollen und wollen. Diese „Brüder" sind nicht die Geliebten, sondern Männer, die das Vertrauen der Frauengruppe genießen, weil sie einen hohen Grad an pro-sozialen Fähigkeiten besitzen. Sie teilen sich nun mit ihren „Schwestern" die Fürsorge für die Kinder, so dass für jedes Mitglied dieses wahlverwandten Clans der berufliche Spielraum noch größer wird. „Schwestern" und „Brüder" stellen auch hinsichtlich der Arbeit möglichst eine Kooperationsgruppe dar. So haben auch alle Männer „Kinder", und es entstehen gemeinsame Verbindlichkeiten.

Dass ausnahmslos alle Menschen in der Gemeinschaft für Kinder mitsorgen, ist ein Prinzip der Balance, denn jeder Mensch hat diese Fürsorge als Kind erhalten. Es gibt deshalb eine gewisse ethische Verpflichtung, diesen Dienst auch weiterzugeben. Die individuelle Mutterschaft und Vaterschaft, die Einzelnen diese ganze Pflicht zuschiebt, werden dabei als mit der Kleinfamilie überholt aufgelöst, ohne dass die Kinder nun im gesichtslosen Kollektiv leben müssten. Gleichzeitig wird die patriarchale Rollenverteilung aufgelöst, gemäß der die Frauen als Mütter für die anderen fürsorgend da zu sein haben. Sie werden in unserer Gesellschaft dafür noch nicht einmal geehrt, sondern verachtet, weil sie unbezahlte Arbeit tun (müssen). Krabbelgruppe und Kindergarten sind dabei nur Trostpflaster für eine grundsätzliche soziale Schieflage.

Im Modell des symbolischen Matri-Clans ist das anders: Mutterschaft und mütterliche Eigenschaften werden geehrt, denn pro-soziales Verhalten stellt die Norm für alle dar. Deswegen geht die Bildung eines solchen wahlverwandten Clans von den Müttern aus. Aber Frauen werden nicht auf dieses Verhalten als angeblich wesensmäßig „weiblich" festgeschrieben und wieder in eine Nische verwiesen, auch wenn diese nun aufgewertet wird. Sondern im Matri-Clan ist für größte Gerechtigkeit gesorgt: Alle Menschen haben an der Betreuung der Kinder teil. Alle können dabei auch die damit verbundenen positiven sozialen und emotionalen Erfahrungen machen. Und alle haben gleichermaßen die Möglichkeit, ihre beruflichen und sonstigen Fähigkeiten weiterzuentwickeln. Zugleich sind die Kinder auf hervorragende Weise integriert, denn sie haben eine Vielfalt konkreter Bezugspersonen.

□ Symbolische Matri-Clans und Liebesbeziehungen

Auf diese Weise können in einer Gemeinschaft mehrere symbolische Matri-Clans entstehen. In ihnen bringen sich die Mitglieder größtes Vertrauen entgegen und schenken sich auch untereinander Hilfe und

Geborgenheit, eben wie „Schwester“ und „Bruder“ in idealen Sinn. Sie sind nicht zu eng wie die Kleinfamilie, aber auch nicht zu weit wie die ganze Gemeinschaft. Sie haben genau jene Größe, die für soziale und psychische Problemlösungen am besten geeignet ist.

Die Liebesbeziehungen finden hingegen zwischen den Clans statt, aber nicht innerhalb von ihnen. Denn die Liebe behält ihre Spontaneität und Freiheit am ehesten, wenn sie nicht mit Pflichten beladen wird. Außerdem ist es problematisch, auf wechselnde Gefühle und wechselnde Beziehungen eine tragfähige Gruppe gründen zu wollen, die außerdem Kindern Schutz geben soll. Daher bietet das Gefüge der wahlverwandten Matri-Clans die Lösung für zwei menschliche Grundbedürfnisse, nämlich jenes nach Freiheit in der Liebe und jenes nach persönlicher Sicherheit und Geborgenheit. In patriarchalen Gesellschaften hat es dafür niemals Lösungen gegeben, sondern nur Repressionen. In neuen Gemeinschaften könnte damit die Frage geklärt werden, ob die Liebe nun „privat“ sein soll oder sich die ganze Gemeinschaft damit beschäftigen soll. Die Lösung liegt im Dritten, im wahlverwandten Clan, wo die Gruppe der jeweiligen „Schwestern“ und „Brüder“ Rat, Hilfe und Geborgenheit gewährt.

Keinesfalls folgt aus diesem Modell, dass die Liebesbeziehungen oberflächlich und kurz sind, weil die Liebenden nicht zusammen wohnen und arbeiten. Dass sie nicht im selben Clan sind, kann im Fall einer Trennung eine große Erleichterung sein. Unabhängig davon steht langdauernden Beziehungen nichts im Wege, im Gegenteil: Sie können sich gerade deshalb vertiefen, weil sie nicht mit den Pflichten des Alltags vermischt sind, sondern sich der Schönheit und Spiritualität der Erotik unbelastet widmen können. Sie nützen sich auch nicht so schnell ab, weil das Zusammensein nicht selbstverständlich und banal wird, sondern jede Begegnung etwas Besonderes behält.

□ Generationen im symbolischen Matri-Clan

Genauso wie die jungen Mütter ihre „Schwestern“ und „Brüder“ gewählt und damit den wahlverwandten Clan aus zwei Generationen gebildet haben, wird er auch auf drei (und mehr) Generationen erweitert. Denn sie wählen nun aus den Gemeinschaftsmitgliedern im höheren Alter ihre „Großen Schwestern" und „Großen Brüder". Diese älteren Frauen und Männer sind durch ihre reichen Lebenserfahrungen sehr wichtige Ratgeberinnen und Ratgeber und Helferinnen und Helfer für die Einzelnen wie für den Clan. Außerdem können alle Clanmitglieder aus dieser Gruppe eine Matriarchin („Große Mutter") und einen Sachem („Friedenshäuptling") wählen, sie vertreten den Clan nach außen. Wenn alle Clans der Gemeinschaft zu einer großen Beratung auf dem Dorfplatz oder im Rathaus zusammenkommen, dann treten sie als Sprecherin und Sprecher ihres jeweiligen Clans auf. Aus dieser Gruppe der Älteren werden auch diejenigen gewählt, diesmal allerdings von der ganzen Gemeinschaft, die den „Rat der Weisen" bilden. Dieser Rat dient der gesamten Gemeinschaft in ihren Angelegenheiten und kann von ihr obendrein beauftragt werden, sie nach außen zu vertreten.

Da diese Matri-Clans auf Wahl beruhen, ist ihr Gefüge nicht unveränderbar. Jede Wahl kann durch eine Neuwahl ersetzt werden, es gibt keinen Zwang, ständig im selben Amt oder überhaupt zusammen zu bleiben. Es bleibt, was sich bewährt, ganz abgesehen davon verändern sich auch die Lebensphasen der Einzelnen, was berücksichtigt werden muss. Jede Neuwahl braucht aber dieselbe Ernsthaftigkeit wie die den Clan konstituierende Wahl, damit nicht Beliebigkeit und individuelles Chaos ausbrechen. Sinnvoll ist es, eine bestimmte Zeit des Zusammenbleibens zu vereinbaren und damit eine Verbindlichkeit von zwei oder mehr Jahren zu schaffen. Auf jeden Fall aber wird ein Matri-Clan jedes Jahr sein gesamtes Gefüge reflektieren, überprüfen und danach ausdrücklich erneuern. Das ist der Anlass für ein schönes, jährliches Clanfest, bei dem die hohe soziale und innovative Leistung, die alle hier erbringen, gefeiert wird.

2 Matriarchale Ökonomie

Ökonomisch gesehen, sind Matriarchate Ausgleichsgesellschaften auf dem Boden einer Ökonomie des Schenkens. Ihre Ausgleichsökonomie lässt keinen Unterschied zwischen Arm und Reich aufkommen, sondern stellt einen gemäßigten Wohlstand für alle her. Das Gegenteil der Ausgleichsökonomie ist die Akkumulationsökonomie in patriarchalen Gesellschaften. Darin behalten die wenigen durch Waffen, Geld und Wirtschaftsstrukturen Mächtigen den Großteil der vorhandenen Güter für sich, die sie durch direkten oder indirekten Zwang der Mehrheit der Menschen weggenommen haben. Gilt für erstere Gesellschaft der Grundsatz von „Nehmen und Geben", so gilt für letztere die räuberische Maxime von „Nehmen und Gehen".

Mich hat als Forscherin immer fasziniert, wie matriarchale Menschen die Ausgleichsökonomie herstellen, so dass ich deren Regeln herausfinden konnte. Sie gebrauchen ein bestimmtes System der Zirkulation von Gütern als Geschenke, das ein Horten oder Akkumulieren nicht zulässt. Davon ist keine Art von erworbenen Gütern ausgenommen, weder die Ackerbauprodukte, die handwerklichen Erzeugnisse, die Handelsgüter noch das Geld, das matriarchale Männer heute mit Gelegenheitsarbeiten außerhalb ihrer Heimatgesellschaft verdienen. Traditionellerweise ist die matriarchale Ökonomie geldfrei, weil sie Geld nicht braucht.

□ Zur inneren Ökonomie der Clans

Alle diese Güter, von den Mitgliedern eines Clans erworben, werden in die Hand der Matriarchin des Clans gegeben. Durch das Sammeln an einer Stelle ist der Überblick garantiert. Sie sind damit aber nicht der „Besitz“ der Matriarchin, sondern sie verwaltet sie nur, indem sie die zum Leben notwenigen Güter an alle Mitglieder des Clans gleichmäßig und gerecht verteilt. Die Überschüsse werden, nach gemeinschaftlicher Beratung des Clanrats, von ihr für besondere Ausgaben eingesetzt. Die Matriarchin als erste Vertrauensperson ist damit sozusagen die ökonomische Koordinationsstelle. Zur Illustration erzähle ich hier die erlebte Anekdote, nach der ein matriarchaler Mann, der in einer Stadt außerhalb seiner Heimatregion als Tagelöhner Geld verdiente, von seinen patriarchalen Arbeitskollegen herabsetzend gefragt wurde: „Was! Du gibst dein ganzes Geld bei deiner Mutter ab?“ Worauf er erstaunt antwortete: „Beim wem soll ich es sonst abgeben?“ Diese Anekdote zeigt, dass er „sein“ Geld als das Gut des ganzen Clans betrachtete.

Zur Ökonomie zwischen den Clans

Durch das unterschiedliche Ausfallen der Ernte oder durch verschiedenes Glück beim Handel kann im Jahresverlauf ein gewisses ökonomisches Gefälle zwischen den Clans eines Dorfes oder Städtchens entstehen. Es ist sehr interessant zu beobachten, wie die Menschen in der Siedlungsgemeinschaft nun damit umgehen: Sie folgen dem Prinzip, dass alle Güter und Überschüsse im Dorf als freiwillige Gaben zirkulieren, so dass sie nicht gehortet werden können. Die Zirkulation folgt bestimmten Spielregeln, die wiederum an ihre spirituellen Feste als dem Mittelpunkt ihres Lebens geknüpft sind. Die Feste sind dabei der Motor ihrer Ausgleichsökonomie. So wird bei den häufigen Jahreszeitenfesten, die Volksfeste sind, mit großer Freude gefeiert, zelebriert und getanzt, was von fleißigem Essen und Trinken begleitet ist, denn es darf an nichts fehlen. Die vom Glück begünstigten Clans tragen das meiste zu diesen Festen bei, indem sie Essen und Trinken zur Bewirtung aller Mitglieder des Dorfes, Städtchens oder Wohnviertels in einer größeren Stadt schenken. Das geht der Reihe nach, stets ist der gerade am besten gestellte Clan derjenige, der seine Güter zu Geschenken an alle macht. Am Ende des Festes hat sich der Wohlstand dieses Clans nivelliert.

Bei Lebensstadienfesten in den Clans ist es üblich, dass der betreffende Clan das Fest für die ganze Gemeinschaft ausrichtet und ebenfalls an nichts spart. Doch Lebensstadienfeste finden auch in weniger begüterten Clans statt. Sollte ein ärmerer Clan ein Lebensstadienfest feiern, dann tragen die besser gestellten Clans durch das Spenden von Gütern und Geld dazu bei, und zwar umso mehr, je wohlhabender sie sind: Wer mehr hat, gibt mehr, wer weniger hat, gibt weniger. Auch auf diese Weise wird durch die Zirkulation von Gütern als Geschenke ein Ausgleich hergestellt.

In einer matriarchalen Gesellschaft ist es dank solcher Regeln unmöglich, durch politischen Einfluss Güter und Geld zu gewinnen. Es läuft eher umgekehrt: Wer eine politische Rolle innehat, wird ärmer. Denn es gilt die Regel, dass der Clan, der z. B. den Dorfhäuptling als Delegierten nach außen stellt, sich dadurch auszeichnen muss, dass er Feste für alle Dorfgenossen gibt. Nach einer relativ kurzen Zeit hat er sich ökonomisch erschöpft, und nun wird aus einem anderen Clan ein Dorfhäuptling gewählt, bis dessen Clan sich auch völlig verausgabt hat. In der traditionellen Kultur der Hopi in Arizona hatten sie auf Fragen nach ihrem „Häuptling" stets die Antwort, man solle sich nach demjenigen umschauen, der am ärmsten aussieht – das sei der Häuptling! Und bei den Arawak in Südamerika ist es üblich, dass der Häuptling beim Roden im Wald am meisten arbeitet, während seine Dorfgenossen dabeistehen und ihm zuschauen.

☐ Zur Ökonomie zwischen den Dörfern

Dieselben Regeln der Ausgleichsökonomie gelten auch auf regionaler Ebene zwischen den Dörfern, und sie treten in Kraft, wenn die Dörfer an einem großen, regionalen Fest beteiligt sind. Auch hier tragen die derzeit wohlhabenderen Clans der verschiedenen Dörfer die ökonomische Hauptlast für die Feierlichkeiten.

Aus alledem geht hervor, dass die Ausgleichsökonomie eine Ökonomie der Feste ist, und die Ökonomie der Feste ist eine Ökonomie des Schenkens. Die schenkenden Clans erwarten nicht beim nächsten Fest dasselbe für sich zurück, sondern die Gaben kommen aus offenem Herzen. Es geht nicht um „Austausch“ mit gleichem Äquivalent, denn sonst würde die matriarchale Ökonomie als Ausgleichsökonomie mit ständiger ökonomischer Nivellierung zwischen ihren Mitgliedern nicht funktionieren.

Diese Ökonomie des Schenkens ist jedoch nicht dem Zufall und der Willkür überlassen, die leicht ins Spiel kommen, wenn individuelle Personen Güter untereinander verschenken würden. Denn sie spielt sich nicht zwischen Individuen ab, sondern zwischen Clans, und sie folgt den allen bekannten Regeln der Feste-Ökonomie. Dadurch ist die Ökonomie des Schenkens hier realisierbar und realistisch, denn sie geschieht in einem geschlossenen Kreislauf.

Der Gegenwert dafür, dass man von seinen Gütern abgibt, ist in Matriarchaten nicht die Rückgabe dieser Güter samt Zinsen – das ist der entgegengesetzte, ausbeuterische Prozess bei der patriarchalen „Kapitalverwertung“ – sondern die Ehre. „Ehre“ bedeutet hier soziales Ansehen, das nach dem Kriterium des fürsorglichen Verhaltens für die Gemeinschaft gemessen wird. Dieses soziale Ansehen ist ein ideeller Faktor, der zugleich eine sehr praktische Seite hat. Denn sollte es einem angesehenen Clan, bedingt durch widrige Umstände, einmal schlecht ergehen, werden alle anderen Clans ihn unterstützen. Eine Matriarchin der traditionellen Tuareg in der Sahara drückte es so aus, dass „reich“ oder „arm“ nur wechselnde Zustände sind, die jeder Clan mehrmals nacheinander in seiner Geschichte erlebt. Daher fürchte sie für sich und die Ihrigen auch Jahre der Dürre nicht, in denen ihre Schaf- und Ziegenherden verdursten. Wenn sie davon heimgesucht werden sollten, dann würden ihnen die anderen weit verstreut lebenden Clans, die dennoch Nachbarn sind, „lebende Milch“ schenken, das heißt, Anteile von den eigenen Schaf- und Ziegenherden. In der Stadt hingegen sei man ohne Geld hilflos, weil jeder es dort nur für sich allein besitzt.

Die matriarchale Ausgleichsökonomie auf der Basis des Schenkens erweist sich damit als ein sehr zuverlässiges, gegenseitiges Hilfssystem. Sollten Geld oder geldähnliche Symbole darin vorkommen (wie die Kaurimuscheln und getrockneten Bananenblätter bei den Trobriandern in Melanesien), dann spielen sie keine andere Rolle als die sonstigen Güter zum Tausch und zum Verschenken auch. Daher ist die Bildung von hortbarem Kapital mit all seinen egoistischen und verheerenden Folgen für die Gemeinschaft in einer solchen Gesellschaft nicht möglich.

Stellen wir uns nun in einem Gedankenexperiment diese Muster der matriarchalen Ökonomie auf heutige, kreative Gemeinschaften übertragen vor – was würden sie hier bewirken? Vielleicht können sie dazu anregen, das häufig genannte Dilemma: Gemeinschaftskasse für alle oder individuelles Geld für jeden Einzelnen, zu lösen. Hierbei gibt es natürlich viele Zwischenformen, die jedoch mehr oder weniger zufällig sind. Die wesentlich wichtige Gruppe für die Bildung der matriarchalen Ökonomie in neuen Gemeinschaften wäre auch hier der Clan, im Sinne des wahlverwandten Matri-Clans aus „Schwestern“ und „Brüdern“, die sich als Gesinnungspartner gewählt haben.

☐ Heute: Zur inneren Ökonomie der symbolischen Clans

In diesen wahlverwandten Matri-Clans würde ein ähnlicher Grad an Vertrauen bestehen wie in blutsverwandten Matri-Clans, obendrein ist der wahlverwandte Clan möglichst auch eine Kooperationsgruppe bei der Arbeit. Er ist größer als die spätbürgerliche Kleinfamilie und kleiner als die ganze Gemeinschaft, er stellt eine überschaubare Größe von zehn bis zwanzig Personen dar. Das ist wichtig für ökonomische Belange, da es hier um die Wahrung von Transparenz geht. Nehmen wir an, die Clanmitglieder haben auch schon aus der Gruppe der älteren Menschen ihre Matriarchin („Große Mutter“) und ihren Sachem („Friedenshäuptling“) gewählt, die den Clan nach außen vertreten. Diese sind auch die Instanz für die Ökonomie innerhalb des Clans, denn in ihre Hände wird das Vermögen des Clans aus Gütern und Geld gegeben.

Das stellt eine persönliche Ehre für sie dar, woraus eine persönliche Verpflichtung zur gerechten Verteilung der lebensnotwendigen Güter an alle Clanmitglieder folgt. Gerade diese persönliche Verantwortung im Umgang mit Gut und Geld wiegt schwerer und bringt andere Formen hervor, als wenn das Vermögen wie bei einem Verein in der Hand eines auswechselbaren, gesichtslosen „Kassenwarts“ liegt. Die Entscheidung über die Verwendung des Clanschatzes liegt aber nicht bei der Matriarchin oder dem Sachen, sondern beim Clanrat, der aus allen Clanmitgliedern besteht. Der Clanrat entscheidet einmal im Jahr, welche Summe an alle und für jeden in gleicher Höhe fortlaufend für den Alltag ausgehändigt wird. Und er entscheidet von Fall zu Fall über die besonderen Ausgaben. Matriarchin und Sachem werden beim Clanrat als Berater wirken, aber bei der Entscheidung haben sie wie alle Clanmitglieder nur je eine Stimme. Der Kreis des Clanrats ist dabei überschaubar, die Transparenz bleibt gewahrt.

Üblicherweise heiß diskutierte Probleme spielen hier keine Rolle mehr: Nehmen wir z. B. die Situation, dass ein „draußen im Patriarchat“ gut verdienendes männliches Clanmitglied viel mehr in den Clanschatz einlegen würde als andere Mitglieder – ist das nicht ungerecht? Nein, denn er hat dafür große Ehre, weil er in hohem Maß pro-soziales Verhalten beweist. Außerdem lassen sich die Nähe der „Schwestern“ und „Brüder“, ihr Schutz und ihre Liebe zu ihm nicht in Zahlen aufwiegen, denn diese Güter sind so kostbar, dass sie mit noch so viel Geld „draußen im Patriarchat“ nicht zu kaufen sind. Auch ein anderes typisch patriarchales Problem würde sich auflösen: Es spielt ebenfalls keine Rolle mehr, wenn z. B. eine Frau, die kleine Kinder hat, zurzeit nichts in die Clankasse einzahlen kann. Sie schenkt dafür ein unschätzbar hohes Gut, nämlich das junge Leben, wodurch alle auch „Kinder“ haben können und der Clan wie die Gemeinschaft eine Zukunftsperspektive besitzt. Wenn es so gehandhabt wird, verliert das Geld seinen falschen Nimbus. Zugleich wird das allgemein verbreitete Unrecht der gutbezahlten Männerarbeit in Prestige-Berufen und der unterbezahlten Frauenarbeit in schlechten Berufen, noch schlimmer: der unbezahlten Mütterarbeit, endgültig aufgelöst.

□ Zur Ökonomie zwischen den symbolischen Clans

Die wahlverwandten Matri-Clans werden sich in einer neuen Gemeinschaft ökonomisch unterstützen, denn sie bilden ein gegenseitiges Hilfssystem. Bei gemeinsamen Unternehmen und gemeinsamen Festen kann dabei die matriarchale Ausgleichsökonomie des Schenkens auch auf dieser Ebene in Kraft treten. Unternehmungen oder Feste werden von den einzelnen Clans je nach Vermögen unterschiedlich gesponsert nach dem Grundsatz: Wer mehr hat, der gibt auch mehr. Kommen diejenigen, die vorher mehr gegeben haben, selber in eine ökonomische Enge, dann sind die anderen Clans an der Reihe, mehr zu geben. Das setzt Gut und Geld über die Clangrenzen hinweg in Umlauf und führt, richtig gehandhabt, immer wieder zum ökonomischen Ausgleich zwischen den Clans. Dabei ist es die Aufgabe aller Personen in der Gemeinschaft darauf zu achten, dass diese Balance fortlaufend hergestellt wird. Das ist eine spannende, die kombinatorischen Fähigkeiten herausfordernde Aufgabe, bei der die allgemeinen Regeln in der Praxis immer wieder verhandelt werden können.

Dabei ist es ein erstrebenswertes Ziel, Geld als Tauschmittel innerhalb der Gemeinschaft überhaupt unnötig zu machen. Es kann allmählich durch den Tausch von Gütern und Dienstleistungen überflüssig gemacht werden. Das Geld gilt dann nur noch für „draußen", für Belange außerhalb der Gemeinschaft, die mit Geld beglichen werden müssen. Dafür kann ein Gemeinschaftsschatz von allen Clans angelegt werden, nach denselben Prinzipien wie ein Clanschatz angelegt wird. Dieser Schatz der Gemeinschaft wird in die Hände des „Rats der Weisen" gegeben, einer gewählten Gruppe ältester Frauen und Männer aus allen Clans. Doch analog zum Clanschatz werden diese den Gemeinschaftsschatz nur verwalten, denn über die Ausgaben bestimmt der Rat der ganzen Gemeinschaft.

In dieser Handlungsweise auf allen Ebenen liegt ein hoher emotionaler Wert. Denn so setzt das wohlüberlegte und sehr kreative Schenken zum Wohl der ganzen Gemeinschaft ein. Diese schenkende Haltung, die nichts Berechnendes hat, knüpft und verstärkt emotionale Bindungen in der ganzen Gemeinschaft. Sie wird geehrt, sowohl bei den Einzelnen wie bei den Clans. Die bedingungslos schenkende Haltung ist letztlich die mütterliche Haltung, so wie auch die mütterliche Erde den Menschen alles schenkt, was sie zum Leben brauchen.

Dagegen wird die Erde in der patriarchalen Ökonomie als Gratis-Ressource ausgebeutet, ähnlich wie auch die Frauen als Mütter. Aber in der matriarchalen Ökonomie ist die schenkende, mütterliche Haltung der anerkannte höchste Wert. Deshalb wird eine Matriarchin oder ein Sachem oder ein Clan am meisten geehrt, wenn sie sich verhalten „wie eine gute Mutter" (Spruch der Minangkabau, Sumatra). Mütterlichkeit hat in matriarchalen Gesellschaften daher nichts mit spätbürgerlicher Sentimentalität zu tun, sondern ist zugleich ein ökonomischer wie ein sozialer Faktor.

☐ Zur Ökonomie zwischen neuen Gemeinschaften

Es ist klar, dass die Ökonomie des Schenkens nur in einem geschlossenen Kreislauf gelingen kann. Denn wir leben heute nicht mehr in einer matriarchalen Kultur, sondern in einer Gesellschaft, in der ganz andere Spielregeln gelten. Bei einem Clan und einer Gemeinschaft, die sich als geschlossene Gruppe verstehen, ist das klar. Schwieriger wird es mit der matriarchalen Ökonomie zwischen zwei oder mehreren Gemeinschaften. Hier ist es vorgängig nötig, sich für ein bestimmtes gemeinsames Unternehmen oder gemeinsames, überregionales Fest gegenseitig zur matriarchalen Ökonomie zu verpflichten. Sie gilt dann nur für den vereinbarten, begrenzten Zeitraum, aber sie lässt weitaus mehr Möglichkeiten zu, als wenn jede Gemeinschaft für sich allein handelt oder Gemeinschaften gar in Konkurrenz gegeneinander handeln. Ist die Vereinbarung verbindlich getroffen, dann gelten für diese bestimmte Zeit dieselben Spielregeln der Ausgleichsökonomie durch Schenken wie im Inneren eines symbolischen Clans oder zwischen den Clans innerhalb einer Gemeinschaft: Wer mehr hat, der gibt auch mehr. Das wird nun von allen Clans der kooperierenden Gemeinschaften in die Tat umgesetzt. Zentral bleiben dabei die Transparenz des ökonomischen Geschehens und die den Schenkenden gebührende Ehre.

Wenn das gelingt, dann ist es ein Fest wert, bei dem nun das Schenken selber gefeiert wird, wie es die Hopi-Frauen in Arizona in ihrer traditionellen Kultur mit dem Give-Away-Festival taten. Dabei warfen sie Früchte ihres Ackerbaus und Erzeugnisse ihres Handwerks in die Menge der erheiterten Zuschauer, die zum Teil nicht einmal zu ihrer matriarchalen Kultur gehörten. Sie beschenkten damit symbolisch die ganze Welt.

3 Matriarchale politische Praxis

Politik ist in matriarchalen Gesellschaften kein abgehobener Bereich für sich, bei dem Parteien, Parlamente, Senate, Gremien und Regierungen sich in der Regel so verhalten, als gebe es die Staatsbürgerinnen und -bürger nicht. Alle vier Jahre entdecken sie diese wieder, speisen sie mit Slogans ab und erwarten dann eine Entscheidung in Form eines Kreuzchenmachens auf dem Wahlzettel – gerade so als wären die Staatsbürgerinnen und -bürger Analphabeten. Inhaltlich haben diese nichts zu sagen, womit sich die herrschende Demokratie als rein formal erweist. Die tatsächlichen Entscheidungen fallen woanders, jedoch nicht beim Volk.

Im Gegensatz dazu regelt in matriarchalen Gesellschaften die perfekte Basisdemokratie alle Entscheidungen, und Politik besteht darin, dass sie die Angelegenheit jeder Person ist. Denn sie beruht auf konsequenter Konsensbildung im Sinne von Einstimmigkeit aller Mitglieder bestimmter Gemeinschaften. Es kann dies die Clangemeinschaft in einem Clanhaus, die lokale Dorfgemeinschaft oder die Stammesgemeinschaft in der ganzen Region sein. Die Konsensbildung kennt dabei zwei Grundprinzipien: die Größenbegrenzung und die gegliederte Konsensbildung.

Die Größenbegrenzung bezieht sich insbesondere auf eine matriarchale Siedlung, welche die maximale Größe von dreitausend Personen nicht überschreitet. Denn jede Siedlung ist eine autonome Dorfrepublik. Jenseits der genannten Größenordnung geht die Transparenz verloren, und Konsensbildung wird undurchführbar. Denn auch die Stammespolitik einer ganzen Region geht schließlich auf die Entscheidung in den Dörfern zurück. In den einzelnen Dörfern aber geht die Politik auf die Entscheidung in den einzelnen

Clanhäusern zurück, und hier entscheidet jede Person mit. Auf diese Weise wird jede Person in die Konsensfindung einbezogen, sei es dass es um Entscheidungen auf Clanebene, auf Dorfebene oder auf Stammesebene geht.

□ Gegliederte Konsensbildung

Dieses System ist bemerkenswert, denn es ist die einzige funktionierende, vollkommene Basisdemokratie. Dass sie funktioniert, verdankt sie der Erfindung der gegliederten Konsensbildung, die ich jetzt beschreibe.

Die Grundlage für jede matriarchale Politik ist der Clanrat als die Versammlung aller erwachsenen Mitglieder in einem Clanhaus. Die Jugendlichen gelten ab 13 Jahren als volle Mitglieder des Clanrats. In diesem Clanrat wird die reale Politik gemacht, von hier geht jede Entscheidung aus und hierher kommt sie wieder zurück. Zuerst wird nach Geschlechtern getrennt beraten, die Frauen beraten sich untereinander und finden ihren Konsens zu einer bestimmten Frage, die Männer ebenso. Das heißt, Menschen gelten nicht als neutrale, quasi geschlechtslose „Individuen" in diffus-gemischten Gruppen. Sondern matriarchale Gesellschaften handeln bewusst danach, dass die Menschheit aus Zwei besteht: Männern und Frauen. Durch diese erste getrennte Entscheidung im Clanhaus geht niemals der Unterschied zwischen der Perspektive der Frauen und derjenigen der Männer verloren, was im Patriarchat allgemein ist. Dort werden Entscheidungen „für alle Menschen" getroffen, die in der Regel von Männern gefällt und für Männer gemeint sind. Denn im Patriarchat ist der Mann der eigentliche Mensch, die Frau nur die Abweichung, die sich ins „allgemein Menschliche" zu fügen hat.

Nach der getrennten Beratung kommen die Frauen und Männer des Clanhauses zusammen und finden jetzt ihren gemeinsamen Konsens. Die Matriarchin leitet die Clanversammlung und hilft durch ihren Rat, den Konsens zu finden. Ihr Rat wird sehr respektiert, denn sie ist die vertrauenswürdigste Instanz, doch bei der Entscheidung hat sie nur eine Stimme wie jede andere Person auch. Geht es um eine

Entscheidung, die nur den Clan betrifft, ist der Vorgang an dieser Stelle beendet, kein Dorfrat mischt sich in die Angelegenheiten des Clans ein. Geht es aber um eine Entscheidung auf Dorfebene, dann setzt sich der Vorgang fort.

□ Clanrat, Dorfrat und Stammesrat

Nachdem die einzelnen Clanhäuser ihren Konsens gefunden haben, senden sie Delegierte in den Dorfrat, die ihre Entscheidungen vertreten. Diese Delegierten sind entweder die Matriarchin selbst oder ihr angesehenster Bruder als gewählter Vertreter des Clans, der Sachem („Friedenshäuptling"), oder beide zusammen – es gibt hier mehrere Varianten. Die Delegierten sind nur die Sprecher des Clans, aber keine Entscheidungsträger, wie es bei Parlamentsabgeordneten in unserer Demokratie der Fall ist. Die Wähler treten dabei ihre Entscheidung an diese ab, aber danach haben die Abgeordneten im Parlament auch nicht viel zu entscheiden. Im Matriarchat tritt hingegen niemand die Entscheidung an jemand anderen ab – das wäre undenkbar!

Der Dorfrat mit den Delegierten der Clanhäuser ist öffentlich. Alle können zuhören um zu prüfen, was die Delegierten sagen, aber es reden nicht alle mit. Denn der Dorfrat ist schon zu groß, als dass alle hier einzeln zu Wort kommen könnten – dies ist dem Clanrat vorbehalten. Die Delegierten tauschen im Dorfrat lediglich Informationen aus, wie die Entscheidungen in den einzelnen Clanhäusern ausgefallen sind. Stellt sich heraus, dass bereits Konsens besteht, dann ist der Vorgang der Entscheidungsfindung auf Dorfebene hier beendet. Stellt sich heraus, dass der Konsens noch nicht besteht, dann gehen die Delegierten in ihre jeweiligen Clanhäuser zurück und berichten über den Stand der Dinge. Nun beginnen die Beratungen in den Clanhäusern erneut, unter Berücksichtigung der Entscheidungen in den anderen Clanhäusern, bis ein zweiter Konsens gefunden ist. Und wieder treffen sich die Delegierten im Dorfrat, um diese Entscheidungen zusammenzutragen und zu erörtern. Sie gehen so lange als Informationsträger zwischen dem Dorfrat und dem Clanrat hin und her, bis die Einstimmigkeit aller Clans auch auf Dorfebene gefunden ist.

Genauso funktioniert das System auf Stammesebene: Betrifft eine Entscheidung die ganze Region, in welcher der Stamm lebt, dann beginnen die Beratungen wieder in den einzelnen Clanhäusern der einzelnen Dörfer, bis die Dörfer ihren jeweiligen Konsens gefunden haben. Nun wählt jedes Dorf seinen Delegierten als Sprecher des Dorfes, und jetzt sind es meist Männer, die dieses Amt erhalten. Denn sie müssen oft weit zum Stammesrat reisen, während die Frauen die Clanhäuser und das Clanland als die wichtigsten Zentren der Gesellschaft nicht verlassen. Die Delegierten der Dörfer treffen sich im Stammesrat, aber auch dort sind sie keine Entscheidungsträger, sondern tauschen sich nur untereinander aus, was der Konsens in den einzelnen Dörfern besagt. Stimmen die Entscheidungen der Dörfer nicht überein, so kehren sie in die jeweiligen Dörfer zurück und berichten im Dorfrat, wie es steht. Nun gehen die Delegierten des Dorfrates zurück in die einzelnen Clanhäuser und geben Bericht, und die Beratungen in allen Clanhäusern aller Dörfer der Region beginnen erneut. Auch die Delegierten der Dörfer gehen so lange zwischen dem Stammesrat und dem Dorfrat hin und her, bis der Konsens aller Clanhäuser aller Dörfer der Region gefunden ist. Die Clanhäuser sind dabei die erste und letzte Instanz, denn hier kommt die Politik wieder bei den wahren Entscheidungsträgern an, nämlich bei jeder einzelnen Person.

Mit Hilfe dieser gegliederten Konsensbildung funktioniert die matriarchale Basisdemokratie. Matriarchale Politik ist daher immer Konsenspolitik, und sie lässt keine Bildung von Herrschaftsmustern irgendeiner Art zu. Weder kann ein Geschlecht das andere beherrschen, noch können sich Klassen bilden, ganz zu schweigen von der Herrschaft Weniger (Oligarchie) oder eines Einzigen (Monarchie) über alle anderen.

□ Konfliktlösung

Die Konsenspolitik löst bereits eine Reihe von Konflikten, die ohne sie weit verbreitet sind. Dennoch gibt es auch hier Konflikte, denn auch die Mitglieder von matriarchalen Gesellschaften sind nur

Menschen mit ihren Schwächen. Jedoch haben sie ihre besonderen Methoden der Konfliktlösung: Bei Konflikten zwischen Einzelnen helfen die anderen Clanmitglieder sie zu beheben, es muss sich nicht gleich das ganze Dorf damit beschäftigen. Bei Konflikten zwischen Clans helfen die anderen Clans sie zu lösen. Außerdem kennen matriarchale Gesellschaften auf Dorfebene wie auf Stammesebene den „Rat der Weisen", in welchem die ältesten Männer und Frauen versammelt sind, um in Krisensituationen zu schlichten und an die ethischen Werte der Gemeinschaft zu erinnern. Deshalb ist der „Rat der Weisen" auch eine Art Friedensrat.

Erweisen sich Konflikte zwischen Clans dennoch als unüberwindbar, dann wird es keinen Bürgerkrieg geben wie in patriarchalen Gesellschaften. Sondern der Clan, der anders leben will als die übrige Dorfgemeinschaft, zieht aus und siedelt sich an einem anderen Ort in der Region an. Dort lebt er in einem eigenen Dorf nach seinen Vorstellungen, doch zum Herkunftsdorf werden bald wieder freundschaftliche Beziehungen aufgenommen und durch gegenseitige Besuche gepflegt. Das jüngere Dorf oder die jüngere Stadt versteht sich als „Tochterdorf" oder „Tochterstadt" zum „Mutterdorf" oder der „Mutterstadt". Mit diesen Begriffen werden die Bande wieder als symbolische Verwandtschaft gemäß der Matrilinearität geknüpft, was in regelmäßigen Ehren-Besuchen der Leute aus der „Tochterstadt" bei denen in der „Mutterstadt" mündet.

☐ Heute: Matriarchale Politik in neuen Gemeinschaften

Eine neue Gemeinschaft kann man als ein symbolisches Dorf betrachten – in manchen Fällen bildet sie auch ein reales Dorf – und die besonderen Gruppen darin, die sich als die wahlverwandten Schwestern-Brüder-Gemeinschaften gebildet haben, als die symbolischen Clans. Letztere stellen eine Arbeitsgemeinschaft dar und haben einen gemeinsamen Clanschatz, das heißt, sie haben auch ein gemeinsames Interesse und eine gemeinsame Verantwortung.

Ist ein solches Gefüge erst einmal geschaffen, dann können die Vorzüge der matriarchalen Politik der Konsensfindung wirksam werden. Denn nicht die Vollversammlung einer neuen Gemeinschaft muss über alles und jedes entscheiden, sondern die Entscheidung verläuft nach der gegliederten Konsensbildung: Sie beginnt in den kleineren Gruppen der symbolischen Clans, deren Mitglieder durch die ausdrückliche Wahlverwandtschaft eine gute Vertrauensbasis haben. Daher ist es hier am ehesten möglich, das Konsensprinzip durchzuhalten. Denn hier kommen die Einzelnen wirklich zu Wort, anders als in einer Vollversammlung, wo meist die guten Rednerinnen und Redner dominieren. Außerdem wird der Zeitraum für die Konsensbildung wegen der beschränkten Größe der Gruppe nicht zu lang.

Zugleich wird klar, dass nicht alle Entscheidungen und alle Konflikte auch alle angehen: Die persönlichen Angelegenheiten und die Clan-Angelegenheiten bleiben im Clan, die Dorfangelegenheiten im Dorf. Obendrein gibt es noch die regionale oder überregionale Ebene als die der Beziehungen zwischen verschiedenen „Dörfern", d. h. zwischen verschiedenen Gemeinschaften untereinander.

☐ Der Rat der symbolischen Matri-Clans, des symbolischen Dorfes und des „Stammes"

In den Clans verläuft jede Konsensbildung zunächst nach Frauen und Männern getrennt. Das ist in unserer Gegenwart besonders ratsam, weil die Perspektive von Frauen meist keine oder zu wenig Beachtung findet. Die gewählte Matriarchin leitet dabei den Frauenrat des symbolischen Clans, der gewählte Sachem („Friedenshäuptling") den Männerrat. Danach kommen beide Seiten zusammen, und unter der gemeinsamen Leitung von Matriarchin und Sachem findet der Clan seinen Konsens. Wenn es um die Dorfebene oder Stammesebene geht, tritt nun das Delegiertenwesen in Kraft. Auch hier ist kein geschlechtsspezifisches Delegiertenwesen zu empfehlen, d. h. nur die Frauen oder nur die Männer, weil das nur alte und neue Rollenklischees bedienen würde. Sondern die beste ist sicher diejenige Variante, bei der Matriarchin und Sachem gemeinsam den Clan im Dorfrat, d. h. in der Versammlung der Gemeinschaft vertreten. So ist ebenfalls garantiert, dass die unterschiedliche Perspektive sowohl der Frauen wie der Männer auch im Dorfrat gewahrt bleibt.

Im Dorf- oder Gemeinschaftsrat reden nur die Delegierten der Clans, aber alle hören zu. Das Zuhören ist eine wichtige Funktion, denn dadurch wird die Politik der Delegierten überprüft, damit sie auch einhalten, was sie sind: Informationsträger aber keine Entscheidungsträger. Dieses System ist uns heute ungewohnt, denn manche Menschen geben nur zu gern die Entscheidung ab und andere reißen sie nur zu gern an sich. Doch durch das prüfende Zuhören einerseits und das auftraggebundene Reden andererseits (Delegierte) kann es bei diesen Dorfversammlungen eingeübt werden. Zugleich wird eingeübt, alle Ansichten zu integrieren. Denn wenn die Beratung wieder zu den Clans zurückkehrt, ist jede Person aufgefordert, die Auffassungen der anderen Clans zu bedenken und in die eigenen Ansichten zu integrieren. Wenn diese gegliederte Konsensbildung im Dorf zuletzt gelingt, hat sie den unschätzbaren Vorteil, dass alle Mitglieder der Gemeinschaft nun „handeln wie eine Person“ (Spruch der Minangkabau). Solche Konflikte wie Dominanzgebaren und Minderwertigkeitsgefühle, Spaltungsversuche und Machtspiele, Cliquenbildung und Intrigen können auf diese Weise ausgeschlossen werden.

Geht es nun um regionale oder überregionale Beziehungen zu anderen Gemeinschaften, dann verläuft die Konsensbildung genauso: Von der Clanebene geht sie zur Dorfebene und von dieser auf die regionale Ebene über. Wie sie zwischen Clanebene und Dorfebene durch die Delegierten der Clans in Gang gehalten wird, so geschieht es nun zwischen Dorfebene und regionaler Ebene durch die Delegierten der Dörfer. Auch hier sollten diese Delegierten nicht geschlechtsspezifisch gewählt werden, sondern am besten zweifach: Eine gewählte Matriarchin aus allen anderen und ein gewählter Sachem aus allen anderen vertreten zu zweit das Dorf bzw. die ganze Gemeinschaft auf dem regionalen Rat. Dort treffen sie die weiblichen und männlichen Delegierten der anderen Gemeinschaften, um die Informationen auszutauschen.

☐ Gesonderte Räte für die Konfliktlösung

Auch in neuen Gemeinschaften ist für die Lösung von Konflikten zwischen den Clans der „Rat der Weisen“ unverzichtbar. Die ältesten Frauen und Männer, etwa ab 50 Jahren, die in diesen Rat gewählt werden, dürfen nicht mehr im Clanrat oder Dorfrat mitwirken, damit sie eine unabhängige dritte Instanz in der Gemeinschaft bilden können, eben den „Rat der Weisen“. Nur durch diese Nichtbeteiligung an Clan- und Dorfentscheidungen können sie bei gravierenden Konflikten zwischen den Clans friedenstiftend wirken. Überdies sind sie mit Personen aus dem „Rat der Weisen“ in anderen Gemeinschaften in Kontakt und können aus deren Erfahrungen im Friedenstiften lernen oder ihre eigenen Erfahrungen weitergeben. Sie können sogar in den „Rat der Weisen“ in einer anderen Gemeinschaft eingeladen werden, um dort als völlig Außenstehende beim Konfliktlösen mitzuwirken.

Denn im Gegensatz zu den anderen Räten ist der „Rat der Weisen“ durchlässig, d. h. er ist nicht auf die eigene Gemeinschaft begrenzt. Das ist von großem Vorteil, wenn es auf der regionalen (oder sogar überregionalen) Ebene zwischen verschiedenen Gemeinschaften um Ideenaustausch, das Aufgreifen von Neuerungen und Kooperation geht. Hier können Mitglieder des „Rats der Weisen“ Anregungen geben, Impulse setzen, aber auch regional vermitteln und Frieden stiften.

Außerdem ist es wichtig, auch einen gesonderten „Frauenrat“ und einen gesonderten „Männerrat“ in jedem Dorf bzw. jeder Gemeinschaft einzurichten. So können verschiedene Auffassungsweisen von Frauen und von Männern niemals verwischt werden, die Verschiedenheit ihrer Perspektiven bleibt gewahrt. Denn im „Frauenrat“ und im „Männerrat“ treffen sich die Frauen oder die Männer einer Gemeinschaft für den offenen Austausch mit den Geschlechtsgenossinnen und -genossen, für gemeinsame Selbstreflexion und gemeinsame Einschätzung bestimmter allgemeiner Ideen, Themen und Grundsätze. So können sie sich ihrer jeweils verschiedenen Sichtweise auf die Welt ungestört vergewissern. Dabei haben der „Frauenrat“ und der „Männerrat“ ebenso wie der „Rat der Weisen“ keine

Entscheidungsfunktion, sondern eine ideenfindende und impulsgebende Rolle. Doch ihre Gedanken fließen in die Entscheidungsfindung beim Clanrat ein.

Und wie der „Rat der Weisen" sollen auch der „Frauenrat" und der „Männerrat" für die überregionale Ebene durchlässig sein, das heißt, sie haben Frauen oder Männer aus anderen Gemeinschaften als Gäste und sind auch umgekehrt dort zu Gast. So bleiben Ideen zur jeweils geschlechtsspezifischen Situation auch über die Grenzen der eigenen Gemeinschaft hinweg in Fluss. Neues kann entstehen und weitergegeben werden, insbesondere können patriarchale Muster sowohl bei Männern als auch bei Frauen besser erkannt und überwunden werden. Auch das wirkt friedenstiftend.

4 Matriarchale Spiritualität und Kultur

Es ist nicht ganz richtig, die „matriarchale Spiritualität und Kultur“ an den Schluss der vier Ebenen der Gesellschaft zu stellen. Bei uns gilt zwar die Ökonomie als Basis für alles und jedes, was einerseits richtig ist, andererseits aber nicht: Es ist nicht die Ökonomie, deretwegen Menschen aus alten Mustern und Verhältnissen aufbrechen und sich auf den Weg in neue Gemeinschaften begeben, sondern die Sehnsucht, die Idee, die Vision von einer glücklicheren Welt. Diese Vision hat immer zutiefst spirituelle Wurzeln, und ihre Verwirklichung kann auch nur aus spirituellen Kräften geschehen.

Auch der matriarchalen Gesellschaftsform wird man eher gerecht, wenn man bei ihrer Spiritualität beginnt. Denn Matriarchate waren und sind sakrale Gesellschaften, im Gegensatz zu den nachfolgenden patriarchalen Gesellschaften verschiedenen Zuschnitts, in denen sich – nach dem ersten Einbruch des profanierenden, militärisch-strategischen Denkens – das Profane in allen Bereichen ausgebreitet hat. Heute ist es soweit gekommen, dass „nichts mehr heilig ist“, während in matriarchalen Gesellschaften buchstäblich alles heilig (gewesen) ist. Daher lassen sich ohne Kenntnis der matriarchalen Spiritualität weder ihre sozialen, noch ihre politischen und ökonomischen Muster angemessen verstehen, ja sie sind ohne diese tiefgreifende, alles durchdringende Spiritualität gar nicht möglich.

☐ Ein anderer Begriff vom Göttlichen

Der Grund dafür, alles als heilig zu betrachten, liegt im immanenten Begriff von Göttlichkeit, den matriarchale Kulturen haben. Für sie gibt es keine transzendente Gottheit außerhalb der Welt, sondern die Welt selbst ist göttlich, und zwar weiblich göttlich. Das belegt die weltweit verbreitete Vorstellung von den beiden Urgöttinnen Kosmos und Erde. Solche kosmischen Urgöttinnen als Schöpferinnen der Welt sind z. B. die ägyptische Nut, die alles aus sich gebar, die vorgriechische Eurynome, die das Welt-Ei hervorbrachte, aus dem alle Dinge fielen, oder die tibetische Sa-trig er-sans, die „Mutter des leeren Raumes". Auch die Erde gilt als ihre Tochter, aber diese ist als Urmutter von allem Lebendigen auch eine Urgöttin wie z. B. die prähellenische Gaia oder Rhea, die indische Prithivi, die mittelmeerische Magna Mater, die alteuropäische Dana/Ana. Diese Urgöttinnen spiegeln die matriarchale Auffassung, dass das Weibliche das Umfassende ist, ein Gedanke, den wir auch in der altchinesischen Lehre vom „Tao" als dem umfassenden Weiblichen wiederfinden.

In dieses umfassende Weibliche eingebettet entwickelt sich alles Weitere in dynamischen Polaritäten. Solche polaren Paare sind z. B. Licht und Dunkel, Sommer und Winter, Bewegung und Ruhe, das konkrete Weibliche und Männliche, und wir können uns ihr Wirken wieder entsprechend der altchinesischen „Yin-Yang"-Polarität vorstellen. Im Matriarchat wird diesen komplementären Entsprechungen keine Wertung untergeschoben – wie es später in der patriarchalen Philosophie geschah – sondern die Welt wird nur dann als heil betrachtet, wenn die Polaritäten in perfekter Balance sind.

☐ Alltag und Festtag in einer „heiligen Welt"

Da alle Elemente und Wesen göttlicher Herkunft sind, sind sie auch alle heilig. Was bedeutet dies nun im Alltag, wie lebt es sich in einer Gesellschaft, in der alles heilig ist? Es gibt hier keine derart scharfe Trennung zwischen „Alltag", an dem gearbeitet, und „Festtag", an dem gebetet wird – so wie wir es gewohnt sind. Im Matriarchat ist jede alltägliche Verrichtung wie z. B. Säen, Ernten, Kochen, Weben, auf Reisen gehen zugleich ein tiefsinniges Ritual, und jeder praktische Gegenstand wie z. B. ein Pflug, eine Spindel, ein Vorratsgefäß, der häusliche Herd hat zugleich symbolische Bedeutung. Arbeit ist deshalb zugleich Gebet und nicht „hart, schwer, entfremdend“, denn sie dient nicht dem Gelderwerb oder Mehrwert.

Diese ständig stattfindenden rituellen Handlungen werden an den zahlreichen Festtagen zu großen Zeremonien und Kultdramen gesteigert, an denen das ganze Dorf, die ganze Stadt beteiligt ist. Auch jetzt wird nichts anderes gefeiert, als was im Alltag ohnehin präsent ist. Denn matriarchale Menschen feiern keine transzendenten Götter, keine Hierarchien von unsichtbaren Geistwesen und keine hoch über den normalen Menschen stehenden Heiligen, sondern sie feiern die Vielfalt der konkreten Welt und sich selbst mitten darin. Sie feiern, was sie umgibt und was sie selber sind und tun. Deshalb durchdringt ihr spirituelles Handeln Alltag und Festtag, nur dass es wie in einer Wellenbewegung manchmal Höhepunkte und manchmal Wellentäler hat.

□ Matriarchale Feste: Spiegel der Natur und Gesellschaft

Daraus geht hervor, dass matriarchale Spiritualität nichts Abstraktes ist, sie kennt keine heiligen Bücher, keine Dogmen und keine Theologie. Sondern sie lebt konkret in den matriarchalen Festen, und alles, was sie bedeutet, lässt sich an diesen ablesen. Die matriarchalen Feste haben einen großen spirituellen Reichtum und weisen eine enorme Komplexität in ihren Ritualen und Zeremonien auf. Sie stellen das kulturelle Herzstück jeder Dorf-, Stadt- oder Stammesgemeinschaft dar, weil sie ein Abbild, Spiegel oder Bilderbuch aller ihrer Lebensbezüge sind, z.B. ihrer Sozialordnung hinsichtlich Geschlechtern, Generationen und Clans, ihrer Ökonomie, ihrer Zeitrechnung und Geschichte und – ganz entscheidend – ihres Bezuges zur Natur. Denn die Natur ist die Göttin.

Grundlegend sind daher die großen Feste im Zyklus der Jahreszeiten, in denen die sich ständig wandelnde Erscheinung der Natur, verstanden als Kosmos und Erde, gefeiert wird. Die Göttin Natur wird dabei personifiziert durch die Priesterinnen oder Schamaninnen. Im Kulturraum Vorderasiens, des Mittelmeers und Europas ist ihre häufigste Erscheinung die der dreifachen Göttin in ihren verschiedenen

Aspekten: Im Frühling kommt sie als die jugendliche Weiße Göttin, die Herrin des Himmels, und bringt das Licht und neue Leben. Im Sommer erscheint sie als die voll erblühte Rote Göttin, die Herrin der Erde und des Meeres, und schenkt die Liebe und Fruchtbarkeit. Im Herbst tritt sie als die Schwarze Göttin auf, die weise Greisin, die Herrin der Unterwelt, und holt das Leben in die Tiefe zurück, wo sie es verwandelt und im Winter in der Wiedergeburt erneut aus der Tiefe heraufführt. Allein in diesen Bildern sind gleichzeitig der Kreis des Jahres wie der Kreis des Lebens enthalten; letzteres wird nicht linear verstanden, sondern im Wechsel von Leben-Tod-Leben genauso zyklisch wie das Jahr. Obendrein vermitteln sie die Idee von der Welt als dreigeteilt in Himmel, Erde, Unterwelt.

Außer der Natur feiern die Menschen dabei auch sich selbst, die Geschlechter und Generationen, die ebenfalls Erscheinungen des Göttlichen sind: So werden in den Frühlingsfesten insbesondere die Kinder und Jugendlichen gefeiert, denn in jedem Mädchen wohnt die Weiße Göttin und in jedem Knaben ihr himmlischer Bruder. In den Sommerfesten werden die erwachsenen Frauen geehrt, weil sich in jeder von ihnen die Rote Göttin zeigt, und in jedem erwachsenen Mann steckt ihr Partner, der Geliebte oder Heros der Göttin. Im Herbst sind es die alten Frauen, die als Erscheinung der Schwarzen Göttin geehrt werden, denn sie haben teil an ihrer Magie, Heilkunst und Weisheit, und mit ihnen werden die alten Männer gefeiert, die Brüder dieser Clanmütter, als die gütigen Schützer und Wächter des Clans. Es folgen die großen Ahnen-Feste, denn auch diejenigen in der Anderswelt gehören zum Clan und spenden den lebenden Mitgliedern ihren Segen. Später kehren sie nach matriarchalem Glauben als Kinder in den eigenen Clan zurück, und auch diese Wiedergeborenen werden gefeiert. Auf diese Weise treten die verschiedenen Qualitäten der Geschlechter und Generationen hervor, ihre jeweils verschiedene „Würde". Dabei wird die matriarchale Sozialordnung als die einer nach natürlichen Unterschieden gegliederten Gemeinschaft sichtbar, die weder Hierarchie noch kollektive Gleichmacherei kennt. Von beiden ist sie gleichweit entfernt, weil es sich darin um patriarchale Muster handelt. Gleichzeitig tritt auch das Gefüge der Clans untereinander hervor, denn häufig haben die verschiedenen Clans einer matriarchalen Gesellschaft die Verantwortung und Regie für je verschiedene der großen Jahreszeitenfeste. Dadurch entsteht eine spirituelle Vernetzung, die ein spirituelles Muster des Dorfes bzw. der Stadt insgesamt ist.

☐ Matriarchale Feste: Kalender und Geschichtsbuch

Auch die matriarchale Ökonomie wird in den Festen sichtbar, sowohl symbolisch als auch praktisch. Praktisch geht es dabei um die Feste als Motor der matriarchalen Ökonomie des Schenkens. Symbolisch tauchen alle ökonomischen Tätigkeiten auf, die ja bereits im Alltag rituell ausgeführt werden, denn die großen Jahreszeitenfeste sind zugleich Feste der Aussaat, des Keimens und Wachsens, des Welkens und der Ernte. Damit stellen sie einen agrarischen Kalender dar, der auf astronomischer Beobachtung der Bewegungen von Sonne, Mond und Gestirnen beruht. In diese Ökonomie spielen auch Elemente von Hirtentum und Handel hinein, denn matriarchale Ökonomie war nicht rein agrarisch. In den Festen spiegeln sie sich z. B. in den Feiern zur Geburt junger Tiere, zum Weide-Auftrieb oder -Abtrieb, auch beim rituellen Schlachten einzelner Tiere im Herbst. Und Handelszüge waren niemals nur profan, sondern zugleich spirituelle Pilgerfahrten.

Matriarchale Menschen brauchen keine Geschichtsbücher, denn sie können ihre Geschichte als die ihrer Clans und ihrer Gründungsköniginnen und Kulturbringer-Heroen an den Festen ablesen. Darin werden diese Ereignisse in symbolischen Szenen dargestellt als die Schicksale ihrer Stammesmütter und Ahnen. Diese Art Geschichte zu vermitteln ist nicht langweilig, im Gegenteil, sie ist bunt, dramatisch, turbulent, und mitwirkende Eingriffe sind erlaubt. Auf diese Weise ist Geschichte nicht nur Vergangenheit, sondern ständig neu, denn sie geschieht ja auch im Hier und Jetzt der rituell handelnden Personen. Sogar kulturgeschichtliche Ereignisse finden ihre Darstellung wie etwa patriarchale Übergriffe, die glücklicherweise durch politische Kompromisse gelöst werden konnten, wie z. B. der Einbruch des

Hinduismus in die matriarchale Volkskultur der Newar (Nepal) oder die Übergriffe der Weißen auf matriarchale Stammeskulturen nordamerikanischer Indianer, z. B. der Hopi.

Am bemerkenswertesten an matriarchaler Spiritualität ist die große Toleranz. Da die Urgöttin Erde, die Mutter aller Völker, die „Eine mit den tausend Gesichtern“ genannt wird, ist es nur logisch, dass sie auch in tausend verschiedenen, konkreten Gestalten verehrt wird. Beispielsweise kann ein Volk im Gebirge sie in Gestalt einer Berggöttin verehren und ein Volk am Meer sie in Gestalt einer Meeresgöttin. In dieser Vielfalt, die als Reichtum gilt, geht dennoch nicht das Bewusstsein der Einheit der Urgöttin verloren. Aber da diese Einheit nicht abstrakt ist – die Erde ist eine Göttin zum Anschauen und Anfassen – muss niemand die anderen missionieren und zu seinem Begriff von Einheit oder einziger Gottheit zwingen. So würde es einem matriarchalen Volk im Gebirge völlig unsinnig vorkommen, ein Volk am Meer zu seiner Berggöttin zu bekehren. Die matriarchale Toleranz führt soweit, dass sogar Götter aus patriarchalen Religionen freundlich integriert wurden, wie z. B. Jesus und Maria, weil die Missionare es so wollten. Der christliche Ausschließlichkeitsanspruch ging dabei allerdings verloren, weil matriarchale Menschen diesen nicht verstehen.

☐ Matriarchale Toleranz heute

Ich denke, die matriarchale Toleranz ist in alternativen Bewegungen und Gemeinschaften längst wieder verbreitet, auch wenn sie nicht ausdrücklich so benannt wird. Denn viele Menschen haben sich heute von religiösen Lehren abgewandt, welche die alleinseligmachende Wahrheit oder den alleinigen Weg zur Erleuchtung beanspruchen. Außerdem haben die traditionellen Großreligionen ihre Glaubwürdigkeit verloren, weil sie allzu lange mit der Staatsgewalt paktierten. Solche religiösen Haltungen sind mehr oder weniger patriarchal.

Die matriarchale Spiritualität ist demgegenüber gar keine Religion und keine Lehre, denn niemand muss etwas „glauben“. Sondern sie ist die unaufhörliche Feier des Lebens und der Welt. Um dem auch

Ausdruck geben zu können, wurde durch Jahrtausende menschlicher Kulturentwicklung eine vielfältige und differenzierte Symbolsprache geschaffen, von der alle späteren religiösen Symbolismen zehrten. Diese Symbolsprache verlangt keinen „Glauben", denn sie erklärt sich – als Abbild von Kosmos und Erde – durch sich selbst.

Sie wäre geeignet, auch der matriarchalen Toleranz in neuen Gemeinschaften spirituell Ausdruck zu geben. Denn warum sollte man nicht miteinander feiern, dass es viele Visionen, Ideale und spirituelle Wege gibt, denen Menschen heute folgen? Schließlich stellt dies einen geistigen Schatz dar, der schon in einer einzigen Gemeinschaft vorhanden sein kann. Also wäre das ein Grund, ein Fest zu machen und z. B. diejenigen zu feiern, die Zen-Buddhisten sind, und diejenigen, die vielleicht Engel lieben, und diejenigen, die weise Schamaninnen und Schamanen werden oder sind, usw. Eine große Fülle an geistigen Wegen würde sichtbar, an denen alle beim Fest fröhlich partizipieren könnten, statt sich gegenseitig zu misstrauen und abzugrenzen. Nur Ausschließlichkeitsansprüche und missionarischer Eifer sind nicht mehr möglich.

□ Heute: Das Fest als Zentrum des Gemeinschaftslebens

Auch die Alltagsspiritualität wird in alternativen Bewegungen und Gemeinschaften längst wieder praktiziert, und es finden schöne gemeinschaftliche Feste statt. Doch sei es erlaubt, dass ich hier noch weitere Anregungen gebe, die zeigen sollen, was durch den Gebrauch der matriarchalen Symbolsprache in ihrer Tiefe und Weisheit zusätzlich möglich ist. Durch sie lässt sich die Komplexität sämtlicher Lebensbezüge von Einzelnen, insbesondere aber von symbolischen Clans und neuen Gemeinschaften abbilden, und damit würden Feste wieder zu großen, spirituellen Ereignissen und zum kreativen und regenerativen Zentrum von neuen Clans und Gemeinschaften werden. Das möchte ich näher erläutern:

Außer dem geistigen Reichtum der Menschen kann auch der Reichtum ihrer sozialen Beziehungen und verschiedenen Lebensstadien sichtbar gemacht werden. Es wird dabei die besondere Kraft oder Energie jedes Geschlechts und jeder Generation gefeiert, die ihre Göttlichkeit spiegelt und ihre je verschiedene „Würde" ausmacht. So ist z. B. große Lebendigkeit und Dynamik die Würde von Kindern und Jugendlichen – warum Mädchen und Knaben also nicht im Mittelpunkt eines besonderen Festes in Gestalt der Weißen Göttin und ihres himmlischen Bruders feiern? Das geschieht in den entsprechenden symbolischen Szenen aus der matriarchalen Kultur, in schönen Gewändern, mit Musik und Tanz und allem, was Freude macht. Analog in einem anderen Fest, in welchem die erwachsenen Frauen als Erscheinung der Roten Göttin gefeiert werden, und zwar in ihrer Würde, Liebe und Leben zu schenken und alle sozialen Verbindungen zu knüpfen. Es kann auch zugleich das Fest für die erwachsenen Männer sein, in ihrer Würde als die Geliebten der Frauen und als Mitschöpfer von Leben und Gemeinschaft. Analog wieder in einem anderen Fest, in welchem die älteren und alten Frauen in ihrer Würde geehrt werden, den Überblick und die Weisheit der Schwarzen Göttin zu haben, die durch sie erscheint, und die älteren und alten Männer in ihrer Würde, gütige Schützer und Helfer der Gemeinschaft zu sein. Das sind andere Bilder, als wir sie aus dem Patriarchat kennen. Sie im gemeinschaftlichen Fest zu leben, bringt erhebliche Veränderungen mit sich, denn mit der „Würde" tritt der göttliche Wesenskern in jeder und jedem anderen hervor. Man fängt an, sich wechselseitig in diesem spirituellen Kontext zu sehen, und so kann die je besondere Würde der verschiedenen Geschlechter und der verschiedenen Generationen auch im Alltag wirksam werden.

Zudem beginnt auf diese Weise das Gefüge einer Gemeinschaft allmählich sichtbar zu werden. Denn auch diese gesamte Struktur soll abgebildet und gefeiert werden, analog dem „Clangefüge" in einer matriarchalen Gesellschaft. Das kann sehr erhellend sein und eine positive Dynamik in Gang setzen. Unklare Strukturen können nämlich nicht abgebildet werden, geklärte aber sehr gut. Außerdem müssen wir ein Gesamtbild für die Struktur der Gemeinschaft finden, das sich feiernd darstellen lässt. Ein solches Gesamtbild, wie die matriarchale Symbolsprache sie kennt, hat die Tendenz zu integrieren, denn aus getrennten oder abgespaltenen Teilen entsteht kein

Bild. So könnte durch die kreative Arbeit an einem solchen Gesamtbild durchaus eine integrierende Dynamik in einer Gemeinschaft in Gang kommen, was nicht durch theoretisch-moralische Diskussionen geschieht, sondern durch kreatives Spiel. Dieses Gesamtbild ist außerdem wandelbar, es kann in einem späteren Fest wieder anders aussehen, je nachdem, wie sich die abgebildete Realität oder Vision für alle verändert hat. Es entfaltet aber immer eine starke, erkenntnisträchtige und verbindende Wirkung, die über das Fest hinaus andauert.

☐ Die besondere Geschichte und das lokale Antlitz der Erde

Und wie verhält es sich mit der Feier der Geschichte der alternativen Gemeinschaften? Diese je besondere und einmalige Geschichte jeder Gemeinschaft ist für die Identitätsstiftung der Mitglieder so wichtig, dass sie immer wieder in Bildern gefeiert werden sollte. So können sie die später Dazugekommenen besser verstehen und auch die Kinder und Außenstehenden, denn sie wird im szenischen Spiel anschaulich präsentiert. Dabei werden zugleich die Gründerinnen und Gründer geehrt, ob sie nun noch leben oder unterdessen zu Ahninnen und Ahnen der Gemeinschaft geworden sind. Wenn diese Geschichte dann in die Gegenwart übergeht, am Punkt des Hier und Jetzt ankommt, werden alle im szenischen Spiel zu Mitspielenden, denn sie sind nun die Weiterträger dieser Geschichte.

Und wie verhält es sich mit der Feier der Ökonomie? Ist diese nur der Bereich der Arbeit, der Überarbeitung, der Knappheit von Mitteln, der Sorgen? Ihre Verbildlichung ist ein wesentlicher Teil der großen Feste, sei es, dass die Ernte gepriesen wird oder ein Fördergeschenk, sei es, dass die verschiedenen, individuellen handwerklichen Künste oder beruflichen Fähigkeiten symbolisch dargestellt und gefeiert werden. Was dabei sichtbar wird, ist wahrscheinlich nicht der Mangel, sondern die Fülle.

Und was ist mit der Erde, deren bestimmter Ort in einer lokalen Landschaft die Grundlage für die je hier lebende und feiernde Gemeinschaft ist? Und der Himmel, dessen wechselndes Licht die jahreszeitlichen Erscheinungen auf der Erde an diesem je konkreten Platz bewirkt? Kosmos und Erde im allgemeinen und dieser konkrete Platz im besonderen, das „lokale Antlitz“ der Erde, sind wohl die schönsten Feste wert. Denn wir können uns kaum mit Geist, Seele und Leib mit der Erde verbinden, wenn wir sie nicht feiern, indem wir ihre wechselnden, jahreszeitlichen Bilder nachbilden, wie matriarchale Völker es tun. Wir berühren sie dabei liebevoll, wir verschönern sie durch unsere schöne, festliche Erscheinung auf ihr, wir preisen sie und bringen sie durch unseren betrachtenden Blick „sich selbst zu Bewusstsein“. Denn durch uns „schaut die Natur ihre Schönheit selber an“. Das ist der Dialog mit der Göttin um uns und in uns. Ihn zu führen läuft durchaus auf eine „Wiederverzauberung der Welt“ hinaus, was nur ein anderer Ausdruck dafür ist, die Welt wieder zu heiligen.

5 Gedanken zu einer modernen matriarchalen Gesellschaft

Im bisher Gesagten habe ich die Sozialordnung, die Ökonomie, die Politik, die Spiritualität und Kultur matriarchaler Gesellschaften vorgestellt. Ich habe beschrieben, wie sich diese Muster auf neue, kreative Gemeinschaften, die aus alternativen Bewegungen entstehen, als Mikrostruktur übertragen lassen. Hier geht es nun darum, diese Gedanken von der Ebene der Gemeinschaft auf die Ebene der Gesellschaft als Makrostruktur zu erweitern, es ist die Skizze eines neuen Gesellschaftsentwurfs. Er ist nicht das Ergebnis eines abstrakten, philosophischen „Glasperlenspiels" als purer Utopie, sondern beruht auf dem Wissen von einer über Jahrtausende gelebten Gesellschaftsform und knüpft an diese menschheitsgeschichtliche Erfahrung an. Gleichzeitig ist er bezogen auf die Probleme und die Not der gegenwärtigen gesellschaftlichen Situation. Denn täglich werden soziale Zusammenhänge und Kulturen zerstört, tragfähige Werte gehen verloren, und als Folge davon verelenden immer mehr Menschen.

☐ Zur Größenordnung: die Rolle der Region

Bei den Gedanken zu einer matriarchalen Gesellschaften müssen wir uns von dem herrschenden Bild von Gesellschaft verabschieden. „Gesellschaft" heißt für uns ein Sammelbecken von verschiedensten Personen, Interessengruppen und Institutionen, die sich fremd sind und miteinander um die Macht im Staat rivalisieren. Häufig wird „Gesellschaft" auch mit „Staat" gleichgesetzt, und Staaten haben heute die Größe von Nationalstaaten oder Supermächten. Dass Größe dabei bewundert wird, hat mit der patriarchalen Ideologie von Herrschaft, Expansion und (Welt-)Reichsbildung zu tun.

Im matriarchalen Gesellschaftsentwurf ist jedoch Größe an sich kein Wert. Es werden kleinere Einheiten bevorzugt, denn sie müssen eine personennahe und transparente Politik ermöglichen. Sie dürfen nicht so groß sein, dass die Menschen sie nicht mehr durchschauen und durch ihre Entscheidungen nicht mehr mitbestimmen können, wie dies bei den heutigen Staaten und Superstaaten der Fall ist. Sie dürfen aber auch nicht so klein sein, dass die autarke Versorgung und die Vielfalt der Handwerke und Künste nicht mehr gewährleistet ist. Diese ideale Größenordnung hat die Region. Die Grenzen einer Region sind nicht willkürlich wie Staatsgrenzen, sondern sie bestimmen sich nach den landschaftlichen Gegebenheiten und den gewachsenen kulturellen Traditionen. Eine matriarchale Gesellschaft reicht nicht über ihre Region hinaus, sie ist ein Netz aus Dörfern und kleinen Städten. Dabei gibt es keinerlei Rangordnung zwischen den Dörfern und Städten, keinerlei Zentralisierung, denn jede Siedlung ist politisch autonom. Sie sind voneinander unabhängige Dorf- und Stadtrepubliken.

Eine solche Dorfrepublik besteht aus einem einzigen oder einigen wenigen wahlverwandten Clans, den symbolischen Clans, die nach den Mustern organisiert sind, die ich beschrieben habe. Eine Stadtrepublik besteht aus mehreren Stadtvierteln, die sich ihrerseits wie ein „Dorf" verhalten, denn diese Stadtviertel bestehen je aus einigen wenigen symbolischen Clans wie ein Dorf. Das garantiert die Transparenz. Und es begrenzt die Größe der Stadt, die nichts mehr gemeinsam hat mit unseren Riesenstädten, die eine wahllose Anhäufung von mehr oder weniger entwurzelten, untereinander fremden und aggressiven Individuen bis zum Millionenfachen sind. Eine matriarchale Stadt ist demgegenüber ein wohlgeordneten Gefüge, denn nicht nur die symbolischen Clans der einzelnen Stadtviertel beziehen sich politisch aufeinander, sondern auch die einzelnen Stadtviertel, und zwar nach den Mustern der Konsenspolitik.

☐ Konsenspolitik auf gesellschaftlicher Ebene

Die Muster der matriarchalen Konsenspolitik schließen bei der Entscheidungsfindung jede Person ein und lassen Beschlüsse nur mit Einstimmigkeit zu. Es sind diese Muster, welche die Größenordnung einer matriarchalen Gesellschaft bestimmen und ebenso die Struktur der Dorf- und Stadtrepubliken. Denn die Konsenspolitik beruht auf der Nähe von Personen und auf höchster Transparenz.

Die reale Politik wird in den symbolischen Clans gemacht. Darin leben alle Menschen als Wahlverwandte und nicht als rivalisierende Fremde. Von hier gehen die Entscheidungen aus, und hierhin kehren die Beratungen zurück, bis die Einstimmigkeit auch auf den erweiterten Ebenen gefunden ist. Wenn eine Dorfrepublik ihren Konsens sucht, dann beginnt das in den symbolischen Clans, und er ist gefunden, wenn die Mitglieder aller symbolischen Clans die Einstimmigkeit gefunden haben, das heißt, wenn alle symbolischen Clans zuletzt dieselbe Auffassung teilen. Im Dorfrat tauschen dabei die Delegierten der einzelnen symbolischen Clans fortwährend die Informationen zum Stand der Dinge aus und helfen so bei der Konsensfindung. Analog verläuft es in einem Stadtviertel, wenn die symbolischen Clans des Stadtviertels ihren Konsens bilden.

Geht es dann um eine Konsensfindung auf Stadtebene, wird der Vorgang noch komplexer: Nun kommen im Stadtrat die Delegierten der einzelnen Stadtviertel zusammen und tauschen die Informationen aus. Ist der Konsens noch nicht gefunden, kehren sie zum Stadtviertel-Rat zurück und informieren dort die Delegierten der einzelnen symbolischen Clans, die ihrerseits wieder zu den symbolischen Clans zurückkehren, damit die Sache neu bedacht wird. So geht es hin und her, bis der Konsens auf Stadtebene gefunden ist. Bei der Konsensbildung auf regionaler Ebene beginnt die Entscheidungsfindung wieder bei allen einzelnen symbolischen Clans. Dieser Prozess wird dann durch die Delegierten der einzelnen Dörfer und Städte in den Rat der Region hinein vermittelt, und er geht über alle Delegierten-Stufen wiederum so lange hin und her, bis der Konsens der ganzen Region erreicht ist.

Es liegt bei diesem Vorgang der Konsenspolitik auf der Hand, dass über die Größe einer Region hinaus Konsensbildung als Einstimmigkeit aller Mitglieder nicht mehr durchführbar ist. Daher ist die Region die größte politische Einheit. Alles, was darüber hinausgeht, entspricht nicht mehr dem menschlichen Maß. Es entmenschlicht daher die einzelnen Menschen und macht sie zu Objekten und zu Nummern, die keine Stimme mehr haben, wie es in den zu großen, zentralisierten Staatsgebilden der Fall ist. Das menschliche Maß ist nun einmal begrenzt und relativ klein. Wenn es wieder als Maßstab gilt, lässt es die herrschende Gigantomanie, die unaufhaltsam vom Großen zum immer Größeren strebt, nicht mehr zu.

☐ Die ökonomische Basis: Subsistenzwirtschaft

Die Region ist auch die größte wirtschaftliche Einheit. Denn die matriarchale Ökonomie ist grundsätzlich Subsistenzwirtschaft, die nach dem Grundsatz der lokalen Autarkie funktioniert. Die Produkte werden auf dem die Dörfer und kleinen Städte umgebenden Garten- und Ackerland gewonnen, und sie werden nur zu lokalen Märkten gebracht, welche die lokale Versorgung sicherstellen. Das heißt, nicht nur die Dörfer sind Agrarsiedlungen, sondern auch die Städte sind Agrarstädte, die von ihrem Umland abhängen. Dieses Umland hat Grenzen, daher ist auch die Größe einer Stadt begrenzt. Es kann bei einer matriarchalen Gesellschaft schon vom wirtschaftlichen Standpunkt keine Riesenstädte mehr geben, die ihr sogenanntes Hinterland aussaugen und zur armen Provinz absinken lassen und obendrein ihre Luxusgüter mit Flugzeugen um die ganze Welt befördern.

Subsistenzwirtschaft ist die einzige Wirtschaftsform, welche die herrschende hemmungslose Ausplünderung unseres Planeten beenden kann. Sie wird heute noch überwiegend in den Ländern der sogenannten Dritten Welt praktiziert, besonders als Gartenbau von den Bäuerinnen, die damit ihre Familien ernähren. Sie ist widerständig gegen die Kommerzialisierung der Landwirtschaft im weltweiten Agro-Business der Lebensmittel-Konzerne, die mit Plantagen ganze Landstriche verwüsten. Subsistenzwirtschaft geschieht im kleinen Rahmen, wird in intensiver Handarbeit und die Erde pflegend geleistet. Sie hat das Maß der Menschen, nicht das der Maschinen.

Auf gesellschaftlicher Ebene bedeutet Subsistenzwirtschaft, dass sich die Dörfer und Städte autark ernähren können. Diese Autarkie von Dörfern und Städten heißt nicht, dass nun jede Frau Gärtnerin und jeder Mann Bauer werden müsste. Es bleibt die Differenzierung in verschiedene Berufszweige durchaus erhalten, besonders in den Städten. Auf Dorfmärkten und Stadtmärkten gibt es lokalen Handel. Außerdem gibt es ein Netz von Märkten in der Region, auf denen ebenfalls Lebensmittel und handwerkliche Erzeugnisse ausgetauscht werden. Denn die Region ist die größere Versorgungseinheit, sie gestattet nicht nur den Austausch spezialisierter Produkte, sondern gewährt auch Schutz bei lokalen Versorgungsschwierigkeiten.

Allerdings ist klar, dass das Ausmaß der heute herrschenden Verschwendung in den sogenannten Industrienationen einerseits und die galoppierende Verarmung in den Ländern der sogenannten Dritten Welt andererseits bei dieser Wirtschaftsform nicht mehr möglich ist. Denn die Subsistenzwirtschaft reduziert den Konsum auf das, was die Region erlaubt, die Lebenshaltung wird damit einfacher. Das ist ökologisch im besten Sinne, denn als Folge dieser Begrenzung muss die Landschaft schonend behandelt werden. Zugleich ist es weltpolitisch im besten Sinne, denn in den armen Ländern behalten die Menschen die Güter, die sie aus ihren Regionen gewinnen, wieder für sich – ohne Steuern, Verschuldung und Zinsen an irgendeinen Kapitalgeber. Damit kann sich die Wirtschaft wieder auf ein normales Maß einpendeln, welches das begrenzte menschliche Maß ist.

□ Das doppelte Gesicht der Gesellschaft

Die Menschheit besteht aus Zwei, aus Männern und Frauen. Alle traditionellen matriarchalen Gesellschaften haben dieser Grundtatsache Rechnung getragen, indem sie eine Sozialordnung von komplementärer Egalität und perfekter Balance zwischen den Geschlechtern schufen. Auch eine moderne matriarchale Gesellschaft ist so aufgebaut. Kein Geschlecht kann über das andere bestimmen oder es den eigenen Vorstellungen anpassen, auch kein Chef und keine Chefin nimmt den einzelnen Mitgliedern die persönliche Entscheidung ab. Bei der matriarchalen Konsenspolitik ist das nicht möglich.

In allen Bereichen der Gesellschaft sind Frauen und Männer gleich repräsentiert. In der matriarchalen Politik sind es stets eine Frau und ein Mann gemeinsam, die Matriarchin und der Sachem („Friedenshäuptling"), die als gewählte Sprecher den Clan nach außen vertreten. Das trifft auch auf die erweiterten Ebenen von Dorf, Stadt und Region zu: Auch hier sind die Sprecher für das Dorf, für die Stadt oder die ganze Region jeweils eine Frau und ein Mann. Sie können nur gemeinsam handeln, denn sie repräsentieren das doppelte Gesicht der Gesellschaft. Dies gilt nicht nur für den politischen Bereich, sondern für alle Bereiche der Gesellschaft: für die wirtschaftlichen Funktionen genauso wie für die spirituellen Würden, ebenso für besondere Gruppen und Gilden wie Handwerk, Künste und Wissenschaften. Jedes Amt wird gleichzeitig von einer Frau und einem Mann repräsentiert, ist also doppelt besetzt. Diese Repräsentanten verhalten sich zueinander wie „Schwester" und „Bruder" im Sinne einer geistigen Wahlverwandtschaft im Amt. Ihr gemeinsames Handeln ist von einer geschwisterlichen Haltung getragen. Gewählt wird die weibliche Repräsentantin nur von den Frauen des Clans, des Dorfes, der Stadt, der Gilde, ebenso wird der männliche Repräsentant nur von den Männern gewählt. Damit sind Frauen wie Männer überall und vollständig vertreten. Bei diesem Modell ist weder ein Geschlecht unterrepräsentiert, noch entsteht Konkurrenz zwischen den Geschlechtern um die Positionen.

Es ist klar, dass die matriarchalen Repräsentanten nur Delegierte, aber keine Entscheidungsträger sind. Sie werden nach der Fähigkeit gewählt, Probleme lösen, Vertrauen aufbauen und Verschiedenheit integrieren zu können. Dabei schließt das Wahlprinzip die Bildung von Hierarchien aus, bei denen Personen ihre Stellung auf Dauer zementieren. Andererseits gibt es aber auch nicht das Rotationsprinzip als anderes Extrem, erwachsen aus der Angst vor Hierarchiebildung. Denn das Prinzip die Fähigsten zu wählen, erlaubt auch die mehrfache Wiederwahl fähiger Leute, so lange wie ihre persönlichen

Fähigkeiten sichtlich der Wohlfahrt der wählenden Gruppe dienen. Die immer wieder unter Beweis gestellte Fähigkeit ist der Prüfstein, denn Privilegien gibt es nicht.

Bei alledem spielen wiederum persönliche Nähe und Transparenz die entscheidende Rolle. Denn die Repräsentanten werden gekannt und direkt gewählt. Ebenso wird die Balance zwischen den Geschlechtern stets unmittelbar von allen Mitgliedern überwacht. Daher ist auch für die gesellschaftliche Sozialordnung die Region die oberste Größe, denn darüber hinaus sind persönliche Bekanntschaft und Nachprüfung nicht mehr möglich.

□ Spiritualität und Kultur auf gesellschaftlicher Ebene

Spiritualität ist die verbindende Kraft zwischen allen Teilen und Tätigkeiten in einer matriarchalen Gesellschaft. Ihr lebendiger Ausdruck sind die matriarchalen Feste, in denen alles gefeiert wird: die Lebensstadien der einzelnen Menschen, die bedeutenden Ereignisse im symbolischen Clan oder in Dorf, Stadtviertel und Stadt, sowie als große Volksfeste die Jahreszeiten der Natur. Denn matriarchale Spiritualität ist der musisch-magische Ausdruck einer durch und durch spirituellen Weltauffassung und Gesellschaft.

Sie ist nicht institutionalisiert und daher frei, dennoch ist sie nicht beliebig. Sie hat eine für alle verbindliche Grundlage: die Erde, die alles trägt, und den Lebensstrom, der alles durchdringt. Die sichtbare Welt selbst ist göttlich, die Große Göttin mit den tausend Gesichtern. So wird außer den allen gemeinsamen Festen der Jahreszeiten jeder symbolische Clan, jedes Dorf, jede Stadt ihre besonderen Zeremonien haben, die sich aus der je eigenen Tradition entwickeln. Daraus entsteht ein reiches Mosaïk an lokalen Kulturen. Kultur ist jedoch niemals konsumierbar, da alle sie aktiv mitschaffen.

Die spirituellen Werte durchziehen die ganze Gesellschaft: die Verehrung der Göttin Erde prägt die Ökonomie, die Achtung vor der Verschiedenheit der Menschen die Politik. Diese Werte reichen auch über die Grenzen einer matriarchalen Gesellschaft hinaus, d.h. über die Grenzen der Region. Obwohl eine matriarchale Gesellschaft sich als Gefüge nur regional konstituieren kann, knüpft sie dennoch freundschaftliche Verbindungen mit anderen Regionen. Diese Verbindungen sind rein spiritueller Art und werden symbolisch artikuliert. Wenn z. B. Regionen in den vier Himmelsrichtungen eine solche Verbindung knüpfen, können sie sich „Region der aufgehenden Sonne" (Osten), „Region der hochstehenden Sonne" (Süden), „Region der untergehenden Sonne" (Westen), „Region der ewigen Sterne" (Norden) nennen. So beziehen sie sich symbolisch aufeinander und knüpfen eine spirituelle Verbindung, sie sind nun „Schwester-Regionen". Die Verbindung wird bekräftigt durch gegenseitige Besuche und überregionale Feste, welche ihre symbolische Ordnung abbilden. Dabei werden Geschenke ausgetauscht, die aus den spezifischen Produkten oder Künsten der jeweiligen Region bestehen. Auf diese Weise bildet sich ein freies, horizontales Netz zwischen Regionen, das sich vollständig von der zentralistischen, hierarchischen Staatsordnung unterscheidet.

Im Zeitalter der modernen Kommunikationstechnik müssen sich diese spirituellen Verbindungen nicht auf die Nachbar-Regionen beschränken, sondern können Länder und sogar Kontinente verknüpfen. Warum soll eine matriarchale Region in Deutschland nicht eine „Schwester-Region" in Indien, eine in Japan, eine in den USA und eine in Afrika haben? Solchen Verbindungen sind keine Grenzen gesetzt. Die Besuche werden dabei eher übers Internet stattfinden, und einem gemeinsamen Fest werden lange Reisen vorausgehen, was die Feste eher selten macht. So entstehen weltweite Netze zwischen Regionen.

Ist eine solche Verbindung nun als matriarchaler „Staat" zu bezeichnen, oder sind Begriff und Vorstellung von „Staat" vielleicht überflüssig? Für eine moderne matriarchale Gesellschaft sind sie unnötig, denn sie ist eine wohlgegliederte, gut funktionierende Gesellschaft ganz ohne Staat und Herrschaft.

Teil 2 Diskussion

Im Jahr 2001 bot mir Johannes Heimrath, Herausgeber der Zeitschrift KursKontakte (www.kurskontakte.de), die Gelegenheit, meine Vorstellungen zu einer matriarchalen Gesellschaftsordnung erstmals in Hinblick auf die neue Gemeinschaftsbewegung vorzustellen. So konnte ich ab Ausgabe 119 von KursKontakte eine sechsteilige Artikelfolge unter dem Titel „Matriarchale Lebensformen" publizieren. Im Anschluss an die Artikelserie richtete Johannes Heimrath einige Fragen an mich, die mich zu weiteren Ausführungen anregten. Leider ist sein Brief verlorengegangen, so dass ich im Folgenden nur meine Antworten wiedergeben kann. Daraus lässt sich allerdings unschwer erschließen, welchen Inhalt die Fragen jeweils hatten.

In der Folge meldeten sich einige Stimmen aus der Leserschaft, die mir Gelegenheit gaben, die Diskussion fortzusetzen, die schließlich in zwei weiteren Ausgaben von KursKontakte erschien. Jenem „Forum" sind die Abschnitte 2 und 3 dieses Teils entnommen.

Im Juni 2007 erschien die erste Ausgabe einer neuen Zeitschrift für matriarchale Werte, „MatriaVal" (www.matriaval.de). Sie enthielt einige grundsätzliche Beiträge der wichtigsten deutschen Matriarchatsforscherinnen. Mit der Psychotherapeutin und Patriarchatskritikerin Carola Meier-Seethaler gab es dazu einen Briefwechsel, den ich in Abschnitt 4 der Diskussion wiedergebe.

1 Antworten an Johannes Heimrath

Lieber Johannes, hier meine Gedanken und Überlegungen zu Deinen Anregungen und Kommentaren in Deiner E-Mail.

Zu 1:
Ja, natürlich gibt es die Meinung, dass auch hierarchische Systeme erprobt und dauerhaft sind. Die Frage ist nur, wofür sie erprobt sind und wodurch sie dauerhaft wurden. Man kommt dabei nicht umhin zuzugeben, dass sie für Herrschaftssicherung erprobt sind und dass sie durch direkte Gewalt (Schwert, Kanonen und Bomben) und strukturelle Gewalt dauerhaft wurden.

Abgesehen davon sind diese einzelnen Reiche gar nicht so dauerhaft, wie vorgegeben wird, denn ihr Fundament, auf dem sie ruhen: unterdrückte Völker, ist kein sicherer Sitz. Wenn wir in der Geschichte nachforschen, so können wir sehr bald bemerken, dass die sich aufgipfelnden Reiche in ihrer Dauer nur relativ kurz waren. Vorher gab es gegeneinander kämpfende Kleinkönige, während der Reiche gab es Revolten und Aufstände, und danach gab es Zusammenbruch und Wirren ohne Ende – bis die nächste erstarkende Gruppierung das nächste (kurzfristige) Reich gründete. So währte das Römische Kaiserreich nur ca. hundert Jahre, das Heilige Deutsche Kaiserreich Römischer Nation im Mittelalter nicht einmal ganze 60 Jahre, das Reich der Habsburger, die K. u. K.-Monarchie, ebenfalls weniger als hundert Jahre. Jüngstes Beispiel: Hitler gründete ein 1000-jähriges Reich, aber es hielt kaum ein Jahrzehnt.

Die Meinung, dass die menschliche Natur nach starken Führern verlangt, ist ein patriarchaler Mythos und von denen, die den Mythos benutzen, eine zynische Zwecklüge. 8000 Jahre matriarchale Gesellschaftsform beweisen das genaue Gegenteil, ebenso die vielen Dissidenten und Rebellionen in patriarchalen Gesellschaften. Wäre dieser patriarchale Mythos nämlich wahr, dann wäre diese lange Geschichte des Widerstands in patriarchalen Gesellschaften nicht zu erklären.

Naiv kann man das nur glauben, wenn man nichts anderes kennt als Patriarchat. Und dafür wird ja in den Kultusministerien, den Wissenschaften, den Bildungssystemen und Medien eifrig gesorgt. Dieser Eifer – und die damit verbundene strukturelle Gewalt, andere Auffassungen und Forschungsergebnisse auszuschließen – weisen gerade darauf hin, dass hier etwas verborgen wird.

Etwas anderes ist es, dass Menschen Rat von weisen Ratgeberinnen und Ratgebern immer brauchen können. Aber Ratgeben ist kein Befehl-Erteilen und Führung-Beanspruchen, denn das Befolgen eines Rats beruht auf Freiwilligkeit. In Matriarchaten waren die leitenden Personen weise Ratgeberinnen und Ratgeber, daraus hat sich jedoch nie ein Führungssystem oder gar ein Führerinnen-Kult entwickelt.

Die Frage, ob Kulturentwicklung auf ökologischen Katastrophen gründet, kann ich mit einem klaren Nein beantworten. Kultur hat sich dann entfalten können, wenn es reichlich Ressourcen gab. Was aber durch ökologische Katastrophen in Gang gesetzt werden kann, ist eine de-kulturierende Entwicklung, das heißt, ein Teilzusammenbruch von Gesellschaften. Hier sehe ich den Kern einer Antwort auf die Frage nach der Erstentstehung von Patriarchat. Die ersten patriarchalen Keimzellen entstanden durch ökologische Katastrophen, aus denen de-kulturierte Menschen hervorgingen, wobei mit De-Kulturierung eine neue Barbarei und Brutalisierung einhergingen. Und das ist das genaue Gegenteil von Kulturentwicklung.

Das ist aber keineswegs die ganze Antwort zur Patriarchatsentstehung, denn erstens haben Menschengruppen schon immer ökologische Katastrophen erlebt (wie z. B. die Eiszeiten), sie wurden deshalb aber nicht sofort patriarchal. Zweitens entwickelte sich, nachdem erste patriarchale Keimzellen entstanden waren, mit diesen eine brutale, ebenfalls katastrophale menschliche Umwelt, die zur weiteren Entstehung von Patriarchat geführt hat. Dies in aller Kürze. Die Antwort ist in Wahrheit noch komplexer.

Ich gebe Dir vollends recht, was das falsche Bild von linearer Geschichte und stetigem Fortschritt betrifft. Auch die menschliche Gattung ist nämlich einem Naturgesetz unterworfen: sich anzupassen an die umfassende kosmisch-irdische Natur. Kann sie das nicht mehr, so geht sie zugrunde wie jede andere Gattung auch. Die große Diversität der Anpassungsmöglichkeiten von Menschen hat meines Erachtens Kultur hervorgebracht und ist als der eigentliche Motor für Kulturentwicklung zu betrachten. Auch heute kann durch diese Diversität wieder neu Kultur entstehen.

Die heutige Kulturzerstörung spiegelt nämlich die zunehmende Unfähigkeit, sich der kosmisch-irdischen Natur auf neue Weise anzupassen. Diese Unfähigkeit wächst, weil Natur immer mehr durch die Gleichförmigkeit von Maschinen ersetzt wird, was Kreativität lähmt und eine gewaltige Selbsttäuschung enthält. Denn wenn Maschinen alles Natürliche zerstört haben werden, wird man feststellen, dass man Maschinen ebenso wenig essen kann wie Geld ...

Gewiss würde ich ebenso gern wie Du ein solches Bild von Kultur entwerfen, in das sich die Menschen mit Lust wieder hineinbewegen wollen. Denn Kultur hat immer auch etwas mit Schönheit zu tun, die aus dem gelungenen Zusammenspiel von Mensch und Natur entsteht.

Zu 2:

Ich kann hier zu Deinen Gedanken nur Ja sagen. Ich stelle mir matriarchale „Hochtechnologie" so vor wie Du, vor allem nicht mechanisch, dafür organisch und energetisch – „transmateriell", wie Du sagst. Diese energetische „Hochtechnologie" haben Menschen schon Jahrtausende vor uns gebraucht, indem sie ihre Wahrnehmungsfähigkeiten noch nicht durch Maschinen und Apparate abgestumpft und verkrüppelt haben wie heute. Hier halte ich vieles für relevant, was ich in Euren Zeitschriften an Ansätzen zu einer neuen Physik/Astronomie/Geographie/Geomantie lesen kann, mit dem allergrößten Interesse. Ich betrachte diese Ansätze als tendenziell matriarchal. Das Matriarchale ist ja nicht außerhalb von uns, sondern tendenziell, das heißt unbewusst, überall schon vorhanden.

Allerdings entwickelt sich dieses Matriarchale auf dem Bewusstseinsstand von heute. Was heißt das? Ich bin eine Gegnerin jeglicher linearen, stetig vom „Primitiven“ zum „Höheren“ fortschreitenden Stufentheorie der Geschichte, auch der Stufentheorien des Bewusstseins (Neumann, Gebser und andere). Denn das spätere Bewusstsein ist nicht einfach deshalb „höher“ oder „besser“, weil es später ist. Es gibt in der Geschichte auch Rückschritte, Fehlentwicklungen, Katastrophen größten Ausmaßes mit dem Verlust ganzer Kulturen und ihrer Leistungen. Das alles widerspricht jeglicher Stufentheorie. Ganz abgesehen davon, dass diese Stufentheorien von Europäern stammen, mit dem Zweck der Rechtfertigung der eigenen Zivilisation, und dass sie damit eine üble Rolle bei der Kolonisierung anderer Völker weltweit gespielt haben – das dürfen wir nicht vergessen!

Ein modernes matriarchales Bewusstsein beinhaltet keine Stufentheorie, weil es nicht vom dauernden Fortschritt in der Geschichte ausgeht, sondern von einer gigantischen Katastrophe. Dennoch ist es anders als der historische matriarchale Bewusstseinsstand, weil es die patriarchale Zivilisation als eine Fehlentwicklung der menschlichen Geschichte erkannt hat und sie wissentlich überschreitet. Nichts halte ich für menschlich größer, als eine Fehlentwicklung zu erkennen und daraus auszusteigen. Das gilt sowohl auf individueller wie auf gesellschaftlicher Ebene.

Was die herrschende Wissenschaft und Technik betrifft, so hat man hier die Forderung nach „Verträglichkeit mit dem Leben“ oft und vergeblich gestellt. Denn diese existiert ja gerade dadurch, dass sie Lebendiges tötet, zerstückelt, zur Ware macht und verkauft. Die Natur wird bewusst zur angeblich leblosen „Ressource“ erklärt, lebendige Zusammenhänge werden systematisch zerrissen, und zu kaufen sind dann „tausend tote Teilchen“. Das ist ihre innere Mechanik, und dafür braucht sie ein mechanistisches Weltbild. Matriarchale Technologie – ich vermeide das Wort „Hochtechnologie“, denn es ist meines Erachtens überflüssig – beruht hingegen nicht auf der Verwertbarkeit für den Markt, sondern auf ihrer Lebensdienlichkeit, das heißt, dahinter steht eben auch eine grundsätzlich andere Ökonomie. Man kann Technologie und Ökonomie nicht getrennt betrachten.

Zu 3:
Mit dem sogenannten Brutverhalten ist das so eine Sache. Es ist auf keinen Fall biologisch determinierend, sonst gäbe es keine Väter und Mütter, die ihre Kinder verlassen, und keine Pflegeeltern mit „Brutverhalten". Nicht einmal bei den höheren Säugetieren ist es determinierend, denn auch da gibt es Weibchen, die ihre Jungen verlassen, z. B. bei schlechten Umweltbedingungen. Und die Freiheit vom Instinktiven ist bei den Menschen noch um einiges größer.

Dennoch: Ich stelle das „Brutverhalten" – schrecklicher Begriff, besser ist vielleicht „Pflegeverhalten" oder einfach die „natürliche Liebe der Eltern zu ihren Kindern" – jedoch keineswegs in Abrede. Schließlich bin ich selbst Mutter und kenne diese Gefühle. Das Konzept der Wahlverwandtschaft schließt die biologische Mutter- und Vaterschaft doch nicht aus! Meine Kritik richtet sich vielmehr gegen das in den Köpfen festsitzende Klischee von der ewigen Kleinfamilie und den damit verbundenen Besitzansprüchen.

Das Konzept von Wahlverwandtschaften, das ich vorschlage, fängt ja gerade bei der natürlichen Mutterschaft an. Sie steht im Zentrum, wenn die Bildung eines Clans von den Frauen ausgeht, die Kinder haben. Sie integrieren z. B. die kinderlosen Frauen als „Schwestern" und die Männer als „Brüder". Ich habe aber den Aufschrei jener Dame kritisiert, die sich empörte, dass Mütter „ihre" Kinder mit anderen Frauen teilen sollen – hier kommt klar der individualistische Besitzanspruch zum Ausdruck, nur biologistisch verbrämt. Es wären viele Mütter heute froh, wenn sich solche liebevollen Schwestern für die Kinder finden ließen. Wahlverwandtschaft schenkt allen Anteilnahme an Kindern und den biologischen Müttern mehr Freiheit. Deshalb bleiben sie dennoch die Mütter und müssen nichts von ihrer starken emotionalen Bindung zu den Kindern aufgeben. Für die Kinder hat das große Vorteile, denn oft sind die biologischen Mütter nicht gleichzeitig die „geistigen Mütter", das ist nur im Idealfall so. In einem wahlverwandten Clan finden sie dann beide.

Was die Väter betrifft, so ist deren biologische Konditionierung keineswegs so stark wie bei den Müttern, das Verlassen der Kinder dementsprechend häufiger. Ich gehe davon aus, dass ein Mann nur dann „Vater" ist, wenn er zusätzlich zur Biologie auch ein „sozialer Vater" wird. Das ist entscheidend. Die den wahlverwandten Clan bildende Mutter wird ihn dann sicherlich auch zum „Bruder" wählen, weil er sich ihr gegenüber brüderlich, das heißt, mitverantwortlich verhält. Also braucht auch er von seinen Gefühlen für die Kinder nichts zurückzunehmen. Dennoch: „Vater" ist nur derjenige, der auch das Pflegeverhalten oder die Liebe zu den Kindern hat, sei er nun der biologische oder nicht-biologische Vater.

Du siehst, mein Konzept der matriarchalen Wahlverwandtschaft schließt die biologische Verwandtschaft ein, aber es enthebt sie ihres Zwangscharakters. Vor allem räumt es mit der patriarchalen Vaterschaft auf, die einen Herrschaftsanspruch über die Familie enthält.

Zu 4:

Zum Sprachlichen: „Weltanhörung" oder „Weltbefragung" ist wirklich wunderbar, denn es gibt Menschen, die lauschen an allen Dingen. „Weltschau" ist auch sehr schön, aber ich halte es – als Mythenforscherin und Verfasserin von Gedichten – auch mit „Welt-bild". Denn in der Mythologie und in der Poesie sind Bilder magisch, komplex, schwebend, nie ganz festzulegen und haben viele Aussagemöglichkeiten. Darum ist „Welt-bild" für mich sehr vielschichtig.

Ich meine, dass es aber nicht mit „Welt-schema" verwechselt werden sollte. Die meisten Menschen haben wohl ein Welt-schema im Kopf, welches wie jedes Schema nur ein reduziertes Muster von der Welt übrig lässt und tatsächlich starr ist. Von einem „Bild", besonders wenn es mythisch ist, kann man das jedoch nicht sagen, und es sind wohl auch nicht viele Menschen, die ein solches „Welt-bild" als eine innere, lebendige Schau in sich tragen.

Nun ist die Gegenüberstellung von Matriarchat und Patriarchat, die Du vielleicht mit Deiner Anmerkung sachlich meinst, keineswegs ein Schema. Wenn ich mich so kurz fassen muss, bin ich zu mehreren Abstraktionsschritten gezwungen und kann mit Definitionen und Sentenzen nur die Essenz (oder den Kern der Theorie) geben, nicht aber den reichen Inhalt, der dahinter steht. Über diesen habe ich jedoch schon viel gesprochen und geschrieben, hier kommt dann die Anschaulichkeit dazu. Der Unterschied zwischen „Schema“ und „Essenz“ ist gerade, dass hinter einem Schema nichts steht, es ist leer. Wenn jemand aber die Essenz in knappen Worten gibt, dann kann man immer weiterfragen, und es wird mehr und mehr die ganze Fülle, welche in der Essenz zusammengefasst ist, hervorkommen.

In diesem Sinn habe ich gesagt, dass sich die matriarchale und die patriarchale Lebensform gegenseitig ausschließen. Denn eine Gesellschaft, die auf Herrschaft beruht, ist mit einer Gesellschaft, die herrschaftsfrei ist, unvereinbar. Man kann nicht ein bisschen Herrschaft mit ein bisschen Herrschaftslosigkeit zusammenbringen, das schließt sich logisch aus. Und es schließt sich auch empirisch aus. Denn wenn ich den Platz habe, eine anschauliche Beschreibung zu geben (wie in meinen Seminaren und Büchern), dann wird die Unvereinbarkeit dieser beiden Lebensweisen, oder besser: dieser zwei Arten, Gesellschaft zu organisieren, deutlich.

Wenn jemand meint, es ließe sich etwas von beiden Formen vereinbaren, dann ist das Fragen an mir. Ich möchte dann ganz konkret wissen, was dabei für vereinbar gehalten wird, anhand von Beispielen. Es ist sehr interessant, sich diese Beispiele dann näher anzuschauen. Hättest Du vielleicht so ein Beispiel?

Zu 5:

Zu Deiner Frage, ob Gesellschaftsmuster ohne Ideologie denkbar sind, möchte ich an die marxistische Definition von „Ideologie“ erinnern, die ich für die beste halte. Danach ist Ideologie ein Gedankensystem, das Herrschaft verschleiert. Dafür wird sie erfunden. Insofern gibt Ideologie etwas vor, was in der gesellschaftlichen Realität sich genau umgekehrt verhält, sie ist also eine strukturelle Lüge. So spiegelt z. B. die Marienverehrung im katholischen Christentum keineswegs die Verehrung der Frau in der Gesellschaft, sondern das Gegenteil ist der Fall: Frauen werden tief heruntergestuft, ihre Mutterschaft wird benutzt und gleichzeitig als „unrein“ verachtet, da keine Frau das Ideal der „unbefleckten Jungfrau Maria“ erreichen kann. Es wird damit die christlich-patriarchale Unterdrückung der Frau verschleiert. Analoges gilt für jeden Mutterkult im Patriarchat.

In matriarchalen Gesellschaften gibt es hingegen keine Herrschaft. Deshalb ist hier auch kein Gedankensystem nötig, das Unterdrückung zu verschleiern oder zu beschönigen hätte. Die geistigen Traditionen und spirituellen Systeme (Mythologien) haben in Matriarchaten daher eine abbildende Funktion. Sie bilden die Realität der Gegenwart oder der Geschichte dieser Gesellschaften in symbolischen Mustern ab, aber sie kehren die Realität nicht um und „stellen sie auf den Kopf". Das habe ich als Forscherin immer wieder feststellen können. Wegen dieses Abbild-Charakters sind die spirituellen Systeme in matriarchalen Gesellschaften als Quelle für soziale Muster gut zu brauchen. Das heißt nicht, dass matriarchale Menschen nicht auch Krisen und Konflikte hätten und vielleicht auch persönlich zu Zwecklügen greifen. Aber das ist etwas anderes als die strukturelle Lüge der Ideologien in Herrschaftsgesellschaften.

2 Forumsbeiträge zum Thema Matriarchat

(alle Beiträge leicht gekürzt)

Eveline Moede: Rückkehr zum menschlichen Maß

Danke für die wunderbare Artikelserie von Heide Göttner-Abendroth über matriarchale Lebensformen! Heide Göttner-Abendroth gibt einen umfassenden Einblick in Gesellschaften, die uns, wollen wir sie verstehen, ein ebenso umfassendes Denken abverlangen. Erst im Zusammenhang der Artikel entsteht ein vollständiges Bild. Die ökonomische Struktur matriarchaler Lebensformen lässt sich nicht verstehen, ohne zu wissen, was gegliederte Konsensbildung (Achtung vor der Verschiedenheit der Menschen), matrilineare Verwandtschaftsverhältnisse („Besuchsehe") oder gar matriarchale Spiritualität (die unaufhörliche Feier des Lebens und der Welt) bedeuten. Ein All-Eins, wo alles Existierende aus seiner Ursprünglichkeit fließt und lebt und wieder zurückkehrt, wo Individualität und Aufgehobensein in einem Ganzen gleichermaßen sind, lässt sich mit unseren heutigen Denk-Strukturen sehr schwer fassen. Jedesmal, wenn ich begeistert und fasziniert zu verstehen glaubte, erschien in meinem Kopf ein gehässiger kleiner Kobold, der mir hämisch grinsend die Zunge zeigte – das Denkteufelchen mit seinen ständigen „Wenn und Abers", die mich zum Ver-Zweifeln brachten.

Warum, denke ich, tust du dir das an und spielst mit diesem Kobold das altbekannte Spiel, das keine Lösungen will und kennt? Hier schreibe ich jetzt auf, was mich zweifeln lässt, und vertraue auf die Möglichkeit eines offenen Diskurses, der das Teufelchen vielleicht das Gruseln lehren wird. Und da bin ich auch schon mittendrin in meinem Problem: das Fortwirken alter Strukturen bei der Verwirklichung neuer, matriarchaler Gemeinschaftsformen bzw. Gesellschaftsentwürfe.

Wahlverwandte Matri-Clans:
Modellhaft skizziert die Autorin hierzu ihre Vorstellungen. Eine begrenzte Anzahl von Frauen mit und ohne Kinder („Schwestern"-wahl bzw. gemeinsame Mutterschaft) wählen sich Männer, die ihre „Brüder" sein sollen und wollen. Diese zusammen bilden den Clan. Die Wahlbrüder (das Prinzip der Blutsverwandtschaft ist durch seine patriarchale Deformierung heute im Zerfall begriffen) sind – konsequenterweise – nicht die Geliebten. Denn sonst würde das Clan-Prinzip nicht funktionieren.

Eine solche Gruppe tut sich freiwillig zusammen, aus dem freien Willen heraus, matriarchale Lebensformen zu leben (die Motivation könnte die tief verankerte Erkenntnis sein, dass es keine anderen Alternativen zu den heutigen destruktiven Lebensformen gibt). Ätsch, sagt mein kleiner Kobold, geht ja gar nicht: Denn alle Clan-Mitglieder bringen, ob sie wollen oder nicht, ihre verinnerlichten Denkstrukturen und Verhaltensmuster mit. Wir alle kommen aus patriarchalen Lebensräumen, denen wir uns zumindest als Kind nicht entziehen konnten. Und das arbeitet noch lange in uns. ... Wir müssen uns nämlich die Erkenntnis zumuten, dass wir Frauen kulturgeschichtlich an der Entstehung des Patriarchats mitbeteiligt waren, zum Erhalt der patriarchalen Gesellschaft nicht Unwesentliches beitragen und schließlich die patriarchale Prägung unserer Kinder mit zu verantworten haben. Ich kenne nicht viele Frauen, die diesen Weg der Bewusstwerdung gegangen sind oder gehen. Stattdessen höre ich vielfältige Proteste von Frauen, die getragen sind von Empörung, vor allem aber von einer Art des Nicht-Verstehen-Wollens oder -Könnens, die in die Verweigerung mündet, sich der Auseinandersetzung, die Wahrheit über sich selbst zu erfahren, zu stellen. Zweifellos eine sehr schmerzhafte, aber notwendige Auseinandersetzung, um die Destruktivität im Äußeren wie im Inneren zu überwinden. Das empfinde ich derzeit als die wichtigste Aufgabe der Menschen, nicht als kollektive Leistung, sondern als individuelle Befreiungstat. Ich glaube, nur so können wir unsere matriarchalen Ursprünge wiederfinden. Wie kann ich matriarchale Spiritualität leben, wenn es in mir eine dunkle Kammer gibt, die davon ausgeschlossen bleibt? Matriarchale Feste dienen dem Sichtbarmachen des geistigen Reichtums der Menschen, ihrer sozialen Beziehungen, ihrer verschiedenen Lebensstadien und Gemeinschaftsstrukturen. Unklare Strukturen können gar nicht bzw. nur unklar abgebildet werden. Aus abgespaltenen Teilen entsteht kein wirkliches Bild. Bevor nicht jede und jeder von uns den inneren dunklen Raum betreten hat, werden matriarchale Lebensformen notwendigerweise scheitern. Weil sie genau das voraussetzen, was sie leben wollen.

Oder hat mich der Denkteufel überlistet? Nö, ruft der kleine Kobold, denk mal weiter. Ich bin hellwach. Jetzt nur nicht misstrauisch werden. Vorsichtshalber formuliere ich meine Selbst-Zweifel in Fragen um:

Gedankenexperiment:

Lassen sich Muster matriarchaler Ökonomie auf heutige kreative Gemeinschaften übertragen? (Ökonomie des Ausgleichs, Ökonomie des Schenkens.)

Anhand des ökonomischen Handelns der Tuareg, welche die Autorin zitiert, wird sichtbar, dass Geld, sobald es zum Fetisch wird, unter matriarchalen Bedingungen zur Armut führt.

Matriarchale Güter wie soziales Ansehen, Schutz oder Liebe lassen sich mit Geld nicht kaufen. Geld als Tauschmittel würde in heutigen kreativen Gemeinschaften bei einem patriarchalen Umfeld nur noch für „die Belange außerhalb der Gemeinschaft, die mit Geld beglichen werden müssen" eine Rolle spielen. Was für Belange sind das? Rohstoffe, die für die Erzeugung von Wärme und Licht benötigt werden? Möglicherweise will man auf fließendes Wasser und elektrischen Kocher nicht verzichten? Das aber bedeutet, dass das Geld seine Lebensnotwendigkeit und damit seinen Wert als hohes Gut behält.

Damit bin ich bei den Ausführungen der Autorin über das begrenzte menschliche Maß, die mich besonders berührt haben.

Natürlich meldet sich auch hier der freche Kobold zu Wort: Ha, schreit er, wer kann denn heute noch loslassen, was er einmal als selbstverständlich registriert hat. Diesmal wage ich Widerspruch. Aber genau darum geht es doch, wer weiterleben will, muss loslassen können! Eine andere Alternative wird es nicht mehr geben; entweder Krieg als totale Zerstörung (Auslöschung des kollektiven Gedächtnisses) oder Verzicht als bewusster Akt des Sich-selbst-Erkennens. Beide Wege erzwingen die Rückkehr zum menschlichen Maß. Die Region als größte wirtschaftliche Einheit (Subsistenzwirtschaft und lokale Autarkie) gewährleistet menschliche Maßstäbe, die mit Größenwahn (Bewunderung von Größe) nichts zu tun haben. Kraftwerke, Gentechnologie, Satellitenforschung wären dann nicht mehr möglich. Also Verzicht auf Internet, Hochtechnologien, Fernwärme etc? Und damit Verzicht auf Lebensjahre? Ich schweige.

□ Leila Dregger – Schwerter zu Kelchen!

Wer sich politisch oder sozial einsetzt, muss sich meistens mit der Korrektur von Teilen des Gesamtsystems beschäftigen: mit Aktionen für Menschenrechte, gegen Umweltverschmutzung, für fairen Handel usw. Gibt es eine Möglichkeit, all diese Korrekturen und Maßnahmen als Teile einer umfassenden Friedensbewegung zu betrachten? Was wäre dann ihr Ziel, ihr Modell und Vorbild?

Wenn wir in der Menschheitsgeschichte nach positiven Kulturvorbildern suchen, stoßen wir früher oder später auf die Früh- und Urgeschichte: auf die so genannten Matriarchate, die Kulturen der Göttin.

Matriarchate? Ich persönlich konnte mir vor wenigen Jahren noch kaum etwas darunter vorstellen. Soll hier vielleicht die Männerherrschaft durch eine Frauenherrschaft abgelöst werden? Das eine erschien mir so absurd wie das andere. Ich suchte aber dringend eine Alternative. Ich hatte mich in meinem Wunsch, öffentlich und politisch wirksam zu arbeiten, völlig verzettelt. Ich war auf dem Weg, eine Karrierefrau zu werden, und hatte geglaubt, alles verdrängen und wegpacken zu können, was mit Frau-Sein und weiblichen Qualitäten zu tun hatte. Ich wurde kreuzunglücklich und schließlich krank – wie so viele Frauen in der Männergesellschaft. Ich war gezwungen, diesen Weg zu verlassen. Damals kam ich erstmals in Berührung mit matriarchalem Denken. Für mich waren diese Welt und Denkweise eine Offenbarung. Es könnte also tatsächlich eine Zeit gegeben haben, in denen so genannte „weibliche" Eigenschaften wie Intuition, Fürsorge, Sinn für Schönheit, erotische und emotionale Intelligenz mit politischer Macht verbunden waren. Mit einer Macht, die nicht unterdrückte, sondern kommunizierte und kooperierte. Da gab es also schon Kulturmuster für Gleichwertigkeit und Frieden zwischen Frauen und Männern.

Wie ein durstiger Schwamm las ich Bücher und sog auf, was ich an Informationen über Matriarchate bekommen konnte. Je mehr ich das tat, um so gegenwärtiger wurde diese Vergangenheit. Die Welt erschien mir beseelt, die Natur weiblich und göttlich; und ich begann, mit allem zu kommunizieren, ob Pflanze, Tier oder Quelle – und auch mit Menschen fand ich nach und nach eine vertrauensvollere und wirksamere Art, zusammen zu sein.

Es begann ein Weg, den ich nicht mehr verlassen möchte: der Weg der Frau, der Weg zum weiblichen Friedenswissen. Ich bin gespannt, wo er mich noch hinführt.

Sind Matriarchate eine Alternative? Es geht um eine herrschaftsfreie Gesellschaft und um eine partnerschaftliche Kultur: Partnerschaft zwischen Frauen und Männern, zwischen Mensch und Natur, unter Völkern. Das Prinzip der Partnerschaft wurde in frühen Kulturen bereits realisiert, darauf weisen ArchäologInnen und MatriarchatsforscherInnen mit einer wachsenden Zahl an Indizien hin. Es gab Göttinnenkulturen in allen Erdteilen. Vieles deutet sogar darauf hin, dass sie am Anfang aller Kulturbildung standen. Jahrzehntausende lang – ein Vielfaches länger und folglich stabiler als die vergleichsweise kurze Zeit des Patriarchats – lebten Menschen in Stammeskulturen; die Frauen waren hoch geachtet als die Repräsentantinnen der Göttin; die Männer aber waren keineswegs weniger wert: Es ging um Balance, nicht um Dominanz.

Sie lebten in Gruppen und Clans. Freie Liebesbeziehungen, gemeinsames Kinderaufwachsenlassen, sich ergänzende Aufgaben in den Stämmen waren selbstverständlich. Die Natur, die Erde war das gebende, weibliche Prinzip der Fülle. Schützend, gütig, Rat gebend, manchmal streng, aber immer liebend wie eine Mutter sollten die Eigenschaften der ClansprecherInnen sein. Macht war die Fähigkeit, zu heilen, Leben zu geben und zu pflegen. Das Symbol der matriarchalen Kulturen war der Kelch.

Erst seit Beginn der Patriarchate gilt Macht als die Fähigkeit, Leben zu zerstören. Je mehr Raketen, Waffen, Militär ein Staat hat, um so mächtiger ist er. Das Schwert wurde zum Symbol aller Unterdrückungssysteme. Die Friedensbewegung will Schwerter zu Pflugscharen schmieden – noch nicht berücksichtigend, dass auch Pflüge einen Teil des Krieges darstellen: der Krieg des Menschen gegen die Erde selbst, gegen die Natur. Wir brauchen eine viel umfassendere Wende. Der Slogan einer ganzheitlichen Friedensbewegung müsste symbolisch heißen: Schmiedet die Schwerter zu Kelchen! Findet die Quellen einer Macht, die nicht mehr auf Herrschaft aufbaut, sondern auf Heilung und Kommunikation.

(Leila Dregger ist Verlegerin und gab seinerzeit die Zeitschrift „Die weibliche Stimme" heraus. www.weibliche-stimme.de.)

□ Alice Marianne Krins – Familienbindungen

Viele Zeichen deuten darauf hin, dass wir in bzw. vor einer umfassenden kulturellen Wende stehen und dass jeder Schritt in diese neue Richtung ein durchdachter und bewusster sein muss, um aus dem Gewaltchaos, in dem sich die menschlichen Gesellschaften befinden, in eine friedensfähige Ordnung zu gelangen. Triebfeder für diesen kulturellen Wandel ist die Suche nach Liebe: nach der Liebe zu dem anderen Geschlecht, nach der Liebe zu den Kindern, nach der Liebe zu der Erde mit ihren hervorgebrachten Wesen, nach der Liebe zu dem Kosmos. Aber es ist auch die Liebe nach sich selbst: die Suche nach der eigenen Größe, nach der eigenen Kraft, nach dem Spüren: „Ich lebe – und das, was ich tue, ergibt Sinn!" Millionen von Menschen kennen das Gefühl nicht, aus ihrer Kraft zu wirken. Die Industriestrukturen mit ihrem derzeit dazugehörigen Machtgeflecht sind nicht darauf ausgerichtet, Menschen zu ihrer Bestimmung zu verhelfen, sie auf einen für sie sinnvollen Platz zu stellen. Der Weg der Menschen in patriarchale Verhältnisse hat zwei wesentliche Plätze durcheinander gebracht: den Platz von Mann und Frau, indem der Mann seine Schutzfunktion gegenüber Natur, Frauen und Kindern gegen eine Machtposition eintauschte, die Frau ihre richtungsweisende Funktion gegen eine weisungsgebundene. Und die bis dahin praktizierte Gleichgewichtsökonomie musste der machtfähigen Akkumulationsökonomie den Platz übergeben. Auch in den vorangegangenen Matriarchaten, gab es immer wieder Neuregelungen in den Fragen der Liebe und der Ökonomie. Neu an der patriarchalen Neuordnung ist die Fähigkeit, aufgrund des Geschlechts und des Besitzes Macht ausüben zu dürfen. Mittlerweile, nach 4000 Jahren, ist das Chaos perfekt. Sämtliche Plätze sind durcheinandergerüttelt: Die Gewalt an den Schulen widerspiegelt eine orientierungslose Jugend, Väter sind zu Freizeitpapis degradiert, Mütter degenerieren durch dauernde Überforderung aufgrund der Doppelbelastung zu asexuellen Keifziegen. Die historische Aufgabe ist heute keine geringere, als die zentralen Plätze wieder richtig zu stellen, damit sich die Welt darum neu ordnen kann.

Nun hat Heide Göttner-Abendroth uns Müttern den Vorschlag gemacht, uns mit Nicht-Müttern zusammenzutun und die Mutterschaft für unsere Kinder auf diese zu verteilen. Was sie dabei übersehen hat, ist die Tatsache, dass Mutter und Kind durch ein tiefes Band der Blutsverwandtschaft miteinander verbunden sind, das sich durch die Geschichte hindurchzieht und nie zerrissen werden kann. Das gleiche gilt auch für die Vater-Kind-Beziehung. Da kann noch so oft gesagt werden, dass das Leben von der Frau ausgeht – wahr ist das nicht. Frau und Mann sind an der Entstehung neuen Lebens gleichermaßen beteiligt. Insofern ist auch eine beliebige Aufteilung der Verantwortung für die Kinder nicht denkbar, ohne das großer Schaden an ihren kleinen Seelen entsteht. Ich denke, dass ein ausstrahlungsfähiges Gesellschaftsbild nicht umhin kommt, die Familiengesetze anzuerkennen. Die systemische Familienaufstellung und karmische Ahnen- und Familienastrologie liefern wichtige Erkenntnisse.

Genau wie Heide Göttner-Abendroth sehe ich auch, dass Wahlverwandtschaften heute Blutsverwandtschaften ablösen. Jedoch wird auch diese Wahlverwandtschaft sich nicht beliebig ergeben. Dafür ist die Fluktuationsrate in den Gemeinschaften einfach zu hoch, um dies noch glauben zu können. Innere Zugehörigkeit, gleiche Aufgabenstellungen werden sich finden müssen, damit die vielen tief leidenden, bindungslos gewordenen Menschen der Industrienationen endlich Geborgenheit und Liebe erfahren können.

□ Margot Vogt – Eine Gesellschaft in Balance

Dank an Heide Göttner-Abendroth für die Artikel und für über 30 Jahre Forschungsarbeit. Es wird hier keine neue Gesellschafts-Utopie ausgetüftelt und angepriesen. Vielmehr können wir wie durch ein Zeitfernrohr ein gänzlich anderes Leben auf unserer Erde beobachten: ein Miteinander ohne Herrschaft, ohne Ausbeutung, ohne Krieg – eine Gesellschaft in Balance, und das 10 000 Jahre vor unserer patriarchalen Gesellschaft und in Nischen auch noch heute.

Das Geheimnis: Das Paradies wird nicht irgendwo im Jenseits angesiedelt, sondern es ist unsere Erde und der Kosmos selbst, mit allen Sinnen erlebbar jeden Tag. Die Menschheit besteht aus Zwei, zwei gleichwertigen Geschlechtern, betont Heide Göttner-Abendroth. Eigentlich geht es doch in der Hauptsache um das Hinzustellen dessen, was seit 5000 Jahren überaus schmerzlich fehlt, nämlich die Frau in ihrer spirituellen Instanz. Es wird doch höchste Zeit, dass in diesem äußerst motivationsstiftenden Ort die Weiblichkeit auch im Bild endlich wieder sichtbar wird, neben dem in seinem Alleinvertretungsanspruch sich als unfähig erweisenden patriarchalen Gott. Es fehlt die Göttin, die als Mutter ihre Kinder in ihrer Einmaligkeit erkennt, annimmt und in eine horizontale, nicht-hierarchische, friedvolle Gesellschaft integriert. Wie konnte ein Glaube an einen unsichtbaren, unbegreifbaren, allmächtigen Gott oben im Himmel entstehen?

Das Patriarchat ist von Anfang an eine Form der Übergriffigkeit in die Seelen. Hier wird manipuliert und gefügig gemacht, domestiziert, versklavt, missbraucht. Dieser Übergriff in die Seelen unterbricht den Kommunikationsraum der Evolution. Auch als Nichtgläubige sind uns Oben-Unten-Strukturen, Macht- und Besitzstreben, einseitiges, lineares Denken, Nichtbeachtung von Zyklen eingeimpft worden.

Es wird höchste Zeit, dass wir einerseits die Erde als unsere göttliche Mutter sehen, begreifen und empfinden. Sie hält die Lebensgrundlagen ständig bereit. Andererseits gilt es die Göttin in uns aufzuwecken und sie in uns aufzurichten, damit sich ein Zusammenspiel gleichwertiger Geschlechter entwickelt. Dann können wir gemeinsam das real existierende Göttliche in der Verbundenheit allen Seins einschließlich Vergangenem und Werdendem in seinen verschiedensten Ausprägungen im Alltag leben und feiern. Damit bereiten wir unseren Kindern und Enkeln ein wirkliches Zuhause auf unserer Erde.

Soviel habe ich in 60 Lebensjahren erfahren: Dazu reicht eine wie üblich isolierte Kleinfamilie bei weitem nicht aus. Ich setze Hoffnung in Gemeinschaften, wie sie z. B. in „Eurotopia" (www.eurotopia.de) in Erscheinung treten, gerade auch in dieser erfrischenden und lebendigen spirituellen Hinsicht.

☐ Iris Kunze – Matriarchat: Gemeinschaft, Patriarchat: Gesellschaft

Vor hundert Jahren schrieb der deutsche Soziologe Tönnies das Buch „Gemeinschaft und Gesellschaft". Gemeinschaft ist für ihn alle Art von unmittelbarer, persönlicher Verbundenheit, die aus dem „Wesenswillen" eines Menschen entsteht, während Gesellschaft diese rationalisiert und Institutionen ausbildet. Diese Gegenüberstellung macht für mich den Unterschied zwischen Matriarchat und Patriarchat deutlich: Im Matriarchat ist die Gemeinschaft dominant und Gesellschaft kaum vorhanden, während das Patriarchat die Gesellschaft in den Vordergrund stellt.

Allerdings sehen wir heute im Patriarchat, dass die Gesellschaft die Gemeinschaft braucht: denn ihre repräsentative Demokratie und ihr Kapitalismus können nicht ohne die Qualitäten von Vertrauen, Liebe und Verbundenheit funktionieren. Das Verheerende dabei ist: sie „kolonialisieren" die gemeinschaftlichen Zusammenhänge und beuten sie auf die uns bekannten Weisen aus. Das ruiniert und zerstört an vielen Stellen die Gemeinschaften als Kernelemente der Gesellschaft, was dann auf diese zurückfällt. Das ist ein wesentlicher Teil der „Krise der Moderne", die wir heute erleben.

Was ist ein gangbarer Weg? Die (patriarchale) Gesellschaft wird brüchig und ist so nicht mehr tragbar. Deshalb sind wir an einem Punkt angelangt, wo wir wieder in die Vergangenheit oder in die heutige Realität weniger übrig gebliebener matriarchaler Gemeinschaftskulturen blicken.

Hier finden wir wieder, was die Moderne vergessen hat. Allerdings merken wir auch, dass wir die alten Matriarchate nicht eins zu eins rekonstruieren können und wollen. Ich denke, unsere Chance liegt in der Vereinbarung von komplementärer Gemeinschaft und Gesellschaft: eine globale Gesellschaft, die aus vielen lokalen Gemeinschaften besteht. Und dabei heißt es für uns heute zuallererst: Gemeinschaften aufbauen! Denn daran mangelt es.

(www.uni-muenster.de/gemeinschaftsforschung)

□ Jochen Kirchhoff – Eine andere Spiritualität

Was Heide Göttner-Abendroth hier vorträgt zur „matriarchalen Spiritualität", ist mir in den Grundzügen seit mehr als 20 Jahren vertraut. Als Gegenentwurf zur „patriarchalen Spiritualität" (oder was dafür gehalten wird) sind mir diese Gedanken auch verständlich, und ich bringe ihnen, in unterschiedlichen Graden, durchaus Sympathie entgegen. Wir alle kennen die verheerenden Auswirkungen dogmatisch-repressiver Religionen und Glaubenssysteme mit eindeutiger und autoritärer Dominanz der Männer und die dadurch vollzogene Abwertung aller genuin weiblichen Zugänge zum Göttlichen. Die Geschichte der Religionen war für unzählige Frauen auch eine Kette der Demütigung und der spirituellen Beraubung. Und es ist nicht verwunderlich, dass daraus bei vielen im weiten Sinne „feministisch" orientierten Frauen ein grundsätzliches Misstrauen gegenüber jedweder „Hierarchie", jedweder „Transzendenz" u.ä. erwachsen ist. Soweit, so gut. Oder eben: nicht gut. Eine sich über viele Jahre erstreckende Diskussion hat stattgefunden, an der sich natürlich auch Männer beteiligt haben, worin denn nun die „spezifisch weibliche" Spiritualität sich von der männlichen („patriarchalen") unterscheidet. Niemand wird ernsthaft leugnen, dass es neben Gemeinsamem, Geschlechtsübergreifendem in der Spiritualität (wie ja auch sonst) Trennendes, tief Differentes hierin gibt, das auch bei bestem Bemühen nicht überbrückt oder mildernd ausgeglichen werden kann. Das Drama von Frau und Mann, auch im Spirituellen, ist ein Abgrund, den bislang noch niemand ausgelotet hat, zumal kaum gewusst wird, was „das Männliche" und was „das Weibliche" überhaupt ist oder ausmacht, und zwar jenseits ideologischer Grabenkämpfe. Was unterscheidet etwa die Spiritualität eines George W. Bush (wenn es die überhaupt gibt, aber wer weiß das schon?) von der eines Gandhi oder eines Beethoven? Und was wiederum trennt die Spiritualität dieser drei Männer (und das sind bzw. waren sie ja wohl) von der einer Ricarda Huch, einer Käthe Kollwitz und einer „Mother Meera", aber auch der Ehefrau dieses George W.? Die Antwort, und zwar ohne vorgestanzte Klischees zu Hilfe zu nehmen, ist schwierig. Ich kenne praktisch niemanden, der sie überzeugend geben könnte. Und schon das ist ein signifikantes, vielleicht auch bedenkliches Zeichen. Wir bewegen uns hier auf einem nicht nur heiklen Terrain, sondern auch auf einem solchen, das vom Licht des Geistes nur unvollkommen erhellt wurde. Man/Frau kann den Verdacht hegen, dass hier mehr oder weniger alle, ob Männer oder Frauen, bislang überfordert sind, dass hier immer noch wesentliches, vielleicht gar das Wesentlichste unverstanden, undurchschaut und damit „unbewältigt" geblieben ist. Vielleicht sollte man/frau so ehrlich sein, dies erst einmal zuzugestehen. Ideologische Antworten auf die Frage nach dem Männlichen und nach dem Weiblichen gibt es zuhauf, substanzielle, tragfähige, geistig überzeugende dagegen erschütternd wenige. Und zwar deswegen, weil es kaum ein substanzielles und tragfähiges Menschenbild gibt, also ein solches außerhalb der etablierten Großreligionen und

Großideologien (die alle Mühe haben, ihr Scheitern zu kaschieren). Genug der Vorbemerkung, obwohl diese notwendig war.

Ich habe sechs Einwände gegen das, was Heide Göttner-Abendroth als „matriarchale Spiritualität" vorstellt und als menschheitsgeschichtlich rettend und richtungsweisend propagiert:

1. Das zugrundeliegende Menschenbild wirkt seltsam statisch, auch verkürzt und eng. Ich denke „höher" vom Menschen, sehe in ihm ein Wesen mit „kosmischem Potenzial", das die Fähigkeit hat, sich immer wieder selbst zu transzendieren, zu steigern, sich empor zu entwickeln zu kosmischen Formen des Bewusstseins. Das gilt uneingeschränkt für beide Geschlechter.

2. Dem entspricht ein verkürztes, enges und eindimensional wirkendes Verständnis von Spiritualität. Nach meiner Überzeugung ist Spiritualität „mehr", reicht weiter, geht tiefer, „erreicht die Sterne" (und zwar nicht imperial-technisch), wurzelt im genuin Transpersonalen/Transmentalen. Das schließt Transzendenz ein; es verbindet Transzendenz und Immanenz. Eine nur immanente Spiritualität (wenn sie überhaupt möglich sein sollte) blockiert den Aufstieg der Seele, und zwar deshalb, weil jede Nur-Immanenz das Physisch-Sinnliche nicht wirklich überschreitet. Diese Überschreitung aber verlangt uns der Tod ab. Und hier beginnt die eigentliche Transzendenz, die keineswegs die irdische Welt zur „toten Materie" macht. Die Frage nach dem Tod ist die Urfrage der Spiritualität.

3. In Verbindung von 1) und 2) wäre zu sagen, dass die „matriarchale Spiritualität", wenn ich das richtig verstanden habe, jede wirkliche Aufstiegs-Transformation schon im Ansatz verhindert. Diese „darf nicht sein". Wenn sie geschieht (und es gibt gut belegte Beispiele, dass sie möglich ist), dann wird die gesamte Zyklik, die gesamte Immanenz der Sinnenwelt radikal überschritten, ohne deswegen missachtet oder verdammt zu werden. „Ein Flügelschlag, und hinter uns Äonen" (Goethe): Das lässt sich vereinbaren mit einer natur- und leibzugewandten Grundhaltung. Man muss dies sagen, weil wir fast nur noch Zerrformen kennen.

4. Der Begriff „Hierarchie" wird implizit verteufelt. Auch hier wird, wie ich meine, die Entartung für die Sache selbst genommen.

Schon auf der Ebene der Systemtheorie zeigt sich, dass wir in einer Welt leben, die „ holarchisch" gebaut ist, um statt Hierarchie „Holarchie" zu sagen, ein unverfänglicheres Wort, was aber an der Substanz, der allenthalben gegebenen Über- und Unterordnung, nichts ändert. Eine „spirituelle Basisdemokratie" ebnet den Geist ein; ich glaube auch nicht, dass sie wirklich fruchtbar ist.

5. Die „matriarchale Spiritualität" wird seltsam absolut gesetzt. Im Vergleich zu ihr werden alle anderen spirituellen Ausdrucksformen, etwa Zen, faktisch heruntergestuft. Sie „dürfen sein", aber eher so, wie es einem (im Grunde postmodernen) Pluralismus und Relativismus entspricht. Das mindert die behauptete „matriarchale Toleranz". Ist sie nicht nur ein blasses „Anything Goes", wenn nur das Eine nicht angefochten werden darf, eben die „matriarchale Spiritualität"? Ist das nicht „Spiritual Correctness"?

6. Die Totalsakralisierung des Alltags, wenn sie möglich sein sollte (überzeugt bin ich nicht), würde auch eine Art Nivellierung mit sich bringen; das Sakrale würde gerade ausgelöscht. Wenn alles heilig ist, ist es im Grunde nichts mehr. Auch erinnert das Konzept eigenartig an die protestantische „Heiligung des Alltags". Das antike Eleusis zeigt eher, was das Wesen des Sakralen ist.

Diese sechs Einwände haben sich in mir eingestellt. Im Kern lassen sie sich auf einen Einwand reduzieren: auf ein anderes Verständnis von Spiritualität als das von Heide Göttner-Abendroth vorgestellte. Hier steht gleichsam Prämisse gegen Prämisse. Lässt sich da argumentativ weiterkommen? Alle Erfahrung zeigt, dass dies zumindest sehr schwierig ist. „Weltbilder" (im weiten Sinne) sind meist Größen, die sich dem Rationalen entziehen, die tiefer gelagert sind.

3 Antworten auf die Beiträge im Forum

Mit großer Aufmerksamkeit habe ich die Stellungnahmen zu meiner Artikelserie über die Muster matriarchaler Gesellschaften und deren Übertragbarkeit auf heute gelesen. Die verschiedenen Bestätigungen, Kommentare, Einwände spiegeln Fragen auf allen Ebenen der Gesellschaftsbildung wider: auf der ökonomischen, der sozio-politischen und der spirituell-religiösen. In dieser Reihenfolge möchte ich darauf antworten. Doch zuvor zwei generelle Feststellungen:

1. Bei der Entwicklung einer Leitidee oder eines Modells für zukunftsorientiertes Handeln geht es nicht um die Individual-Psychologie heutiger Menschen mit all ihren patriarchalen Deformationen. Das heißt, wenn wir nur auf den gegebenen Ist-Zustand starren und deklarieren, dass dieser für heutige Menschen nicht überschreitbar ist, weil sie ihn „nicht loslassen können" (siehe Beitrag von Eveline Moede), dann bewegen wir uns nicht weiter und verlängern das Patriarchat in die Zukunft hinein. Leider entspricht dies der Haltung vieler Menschen in unseren westlichen Zivilisationen, sie entspringt aus Saturiertheit und Bequemlichkeit. Es ist aber nicht mein Anliegen, jeden Menschen daraus zu erwecken, sondern wer im Patriarchat sitzen bleiben möchte, mag dies tun.

Die Menschheit hat sich im Lauf der Geschichte jedoch immer verändert, sie ist nie dieselbe geblieben, teils aus Einsicht, teils aus Notwendigkeit. Die Notwendigkeit der fortschreitenden Zerstörung unserer globalen Lebensgrundlage wird sie auch eines Tages zu Veränderungen zwingen. Doch bevor es dazu kommt, wäre es gut zu wissen, wohin die Schritte in der Krise dann getan werden sollen bzw.

wäre es noch besser, vorher zu handeln, damit es überhaupt nicht zu dieser globalen Krise kommt – leider findet sie in allen Teilen der Welt schon statt. Hierzu brauchen wir weder abstrakte Theorien noch blinden Aktivismus, sondern vorausschauendes Handeln. Dafür werden Leitideen entwickelt. Sie sind weder Programme noch starre Regeln, sondern Orientierungshilfen für Menschen, die sich und die patriarchalen Katastrophen verändern wollen. Deshalb brauchen wir auch nicht für die anderen zu denken, ob sie dieser Leitidee etwa folgen wollen oder nicht, sondern wir fangen immer bei uns selber an.

Die matriarchale Leitidee hat gegenüber den anderen einen großen Vorteil: Sie gehört nicht zu den philosophischen Utopien (die nie funktioniert haben), sondern sie beruht auf jahrtausendelangem sozialem und kulturellem Wissen der Menschheit und wurde ebenso lange praktisch verwirklicht. Hier haben wir es also mit einem sehr wertvollen Erfahrungsschatz zu tun, der durch die Matriarchatsforschung wieder ans Licht gebracht wird. Deshalb ist die matriarchale Leitidee stets konkret, denn sie ist – wie ihre Gesellschaftsform – an den grundlegenden Bedürfnissen der Menschen orientiert und nicht an wirklichkeitsfernen Idealen. Darin liegt ihre Stärke.

Psychologie als Technik der Selbsterforschung spielt insofern eine Rolle, als jede und jeder Einzelne die anerzogenen patriarchalen Muster erkennen und sich daran abarbeiten kann, um sie hinter sich zu lassen. Aber auf welchem Boden können wir sie überhaupt erkennen? Und in welche Richtung können wir sie verlassen? Eben dazu braucht es die matriarchale Leitidee.

2. Über die Entstehung des Patriarchats würde ich mich hüten, etwas Saloppes von mir zu geben bzw. mich auf Populärliteratur zu stützen (siehe Beitrag von Eveline Moede). Dies ist ein äußerst komplexes Forschungsfeld, über das bisher nur Ideologien und Pseudoerklärungen verbreitet wurden und das noch auf eine wissenschaftliche Darstellung wartet. „Wir Frauen“ haben mit Patriarchatsentstehung schon gar nichts zu tun, denn wer ist dieses „Wir“ überhaupt? Es gibt in der Matriarchatsforschung nicht das Gegensatzpaar „Frauen“ versus „Männer“, das stets in eine trivialisierende Sackgasse führt. Son-

dern es gibt matriarchale Frauen und Männer auf der einen Seite, und es gibt patriarchale Männer und patriarchalisierte Frauen auf der anderen Seite. Dies ist das Forschungsgebiet!

Matriarchale Frauen und Männer waren weder in der Geschichte noch in der Gegenwart, das heißt, bei den letzten noch lebenden matriarchalen Gesellschaften, an der Zerstörung ihrer eigenen Lebensform beteiligt, sondern in jedem Falle ihre Verteidiger. Denn Matriarchate verwandelten sich nicht von innen heraus in Patriarchate, dafür gibt es weder in der Geschichte noch in der Ethnologie Belege. Sondern ihre Zerstörung hat immer mit äußeren Faktoren zu tun, seien diese nun zuerst ökologischer Art gewesen: durch Druck von Seiten der natürlichen Umgebung, und später sozialer Art: durch Druck von Seiten der patriarchalen Umgebung. Dies lässt sich beim jetzigen Stand der Forschung mit Sicherheit sagen.

Deshalb kommen wir mit Pauschalisierungen wie „die Männer" oder „die Frauen" nicht weiter, ganz egal, wo wir nun die Schuld angesiedelt sehen wollen. Darum geht es auch gar nicht, sondern um die Erkenntnis, dass in Patriarchaten sowohl Männer wie Frauen aus Anpassungsdruck, der von den herrschenden Männern ausgeht, sowohl zu Opfern wie zu Mittätern und Mittäterinnen im Patriarchat werden, wenn auch in unterschiedlicher Weise. Hier hätte jedes Geschlecht für sich seinen Selbsterkenntnisprozess zu leisten, um aus einem derart zerstörerischen System auszusteigen. Und damit wären wir wieder bei der matriarchalen Leitidee als Orientierungshilfe.

□ Antworten zur matriarchalen Ökonomie

Hier muss man sich zuerst von der falschen Engelschen These verabschieden, dass Matriarchate angeblich so primitiv gewesen seien, dass die zunehmende Arbeitsteilung schließlich zu Patriarchaten führte. Archäologisch belegte Tatsache ist hingegen, dass sie im Verlauf ihrer jahrtausendelangen Existenz eine hohe Arbeitsteilung und Differenzierung entwickelten und dennoch stabil blieben (vgl. Marija Gimbutas). Insofern kann es auch moderne matriarchale Muster auf dem Boden einer noch höheren Arbeitsteilung geben. Denn das Problem ist nicht die Arbeitsteilung an sich, sondern die Hierarchisierung und Ausbeutung von Arbeit, insbesondere das patriarchale Muster, dass Arbeit von Frauen generell als weniger wert betrachtet wird als Arbeit von Männern bzw. sogar gratis ist.

Das führt zur Frage nach der Technologie: Brauchen „wir" Internet, Fernwärme, massenhaft Autos, Atomkraftwerke, Gentechnologie, Satellitenforschung und vor allem das Geld als hohes Gut? Und müssen wir auf Lebensjahre verzichten, wenn wir das alles nicht haben? (siehe Eveline Moede). Hierauf gibt es eine klare Antwort: Wir brauchen es nicht, gerade weil uns diese sogenannten Güter durch ihre Unverträglichkeit und Giftigkeit Lebensjahre kosten! Schon längst wirken heute Menschen daran, diese Art von Hochtechnologie durch eine umweltfreundliche zu ersetzen, indem sie Solarstrom, Brunnensysteme und Tauschringe erfinden. Die Frage ist doch nicht: Technologie Ja oder Nein? Sondern die Frage ist: lebenszerstörerische oder lebensfreundliche Technologie? Nicht die „Höhe" einer Technologie ist entscheidend bei dieser Frage, und schon gar nicht spiegelt sie die Höhe einer Kultur. Sondern ihre Verträglichkeit mit allem Leben auf der Erde ist der höchste Wert. Verglichen damit stellt unsere Hochtechnologie, deren Ideal die immer perfektere Maschine ist, die mehr und mehr den „fehlerhaften" Menschen ersetzen soll, die pure Brutalität und eine Barbarei ohnegleichen dar. Sie ist überentwickelt und dient keineswegs allen Menschen, sondern in erster Linie dem Geldbeutel der globalen Konzerne.

☐ Antworten zur matriarchalen Sozialordnung

Es ist doch erstaunlich, wie tief das patriarchale Muster der spätbürgerlichen Kleinfamilie verinnerlicht ist und wie zäh die Vaterschaftsideologie darin fortlebt (siehe Beitrag von Alice Marianne Krins). Es wird intensiv vertieft durch eine konservative Psychologie bis hin zu „Familienaufstellungen", in denen regelmäßig nur das seelenzerstörerische Potential patriarchaler Familienmuster zu Tage tritt. Doch auch von Staats wegen wird ja die Notwendigkeit der Vater-Kind-Beziehung postuliert mit dem Besitzrecht des einen Vaters oder der einen Mutter an „ihren" Kindern – trotz aller Nöte, die für die Kinder daraus entstehen bis hin zum sexuellen Missbrauch. Denn so funktioniert die Industriegesellschaft seit ihrer Entstehung vor ca. 200 Jahren, indem die „Mutter" die gratis arbeitende Frau im Hintergrund ist, die den „freien" Lohn- oder Honorar-Arbeiter durch ihre Hausarbeit reproduziert, wobei dieser selten zu Hause ist („Vater"). Gleichzeitig erzieht sie dem Staat die nächste Generation von Bürgerinnen und Bürger, was ebenfalls nicht als Wert im Bruttosozialprodukt sichtbar wird. Das ist die kranke spätbürgerliche Kleinfamilie, die auch entsprechend oft zerbricht, was in der Tat den Seelen der Kinder Schaden zufügt, nicht aber die Abwesenheit der sogenannten Vater-Kind-Beziehung.

Vor diesen letzten 200 Jahren gab es in Europa – und gibt es woanders heute noch – die patriarchale Großfamilie als Clan mit einem Mann als Oberhaupt, der in manchen Gesellschaften sogar das Recht auf Leben und Tod über Frau, Kinder und Gesinde hatte (z. B. der römische „Pater familias"). Immerhin war darin noch bekannt, dass eine Frau allein („Mutter") damit überfordert ist, in völliger Isolation („Einfamilienhaus") Kinder angemessen großzuziehen. Mütter, Schwestern, Großmütter, Tanten beteiligten sich an der Erziehung der Kinder. Die „Väter" waren grundsätzlich abwesend, weil Kindererziehung „Weiberkram" war, sie stellten aber die repressiven Moralregeln für die Kindererziehung auf. Noch ein paar Jahrtausende davor gab es weltweit die matriarchale Großfamilie als Clan mit einer Frau als anerkannte Sippenälteste. Sie herrschte nicht, sondern hatte bei der Konsensfindung unter den Clanmitgliedern auch nur eine Stimme, aber sie wurde geachtet. Kinder wurden als so kostbar betrachtet, dass sich alle um sie kümmerten: die Mütter, die Schwestern, die Großmütter, die Tanten, die Mutterbrüder, die Großmutterbrüder, welche die Rolle der „sozialen Väter" innehatten. Die Menschen handelten nach dem Wissen, dass es einen ganzen Clan, ja sogar ein ganzes Dorf braucht, um Kinder angemessen großzuziehen.

Bei ihnen ist „Vater" nur der, der anwesend ist und sich väterlich verhält. Und diese Rolle wird in Matriarchaten genau definiert: „Er muss sein wie eine gute Mutter" (Sprichwort der Minangkabau,

Sumatra). Welche Gene er mit den Kindern gemeinsam hat und wie nahe die Verwandtschaft ist, spielt dabei eine sekundäre Rolle. (Der Mutterbruder ist ja mit den Schwesterkindern auch nahe verwandt.) In der patriarchalen Vaterschaftsideologie spielen die Gene aber vor jeder fürsorglichen Eigenschaft die Hauptrolle. Dabei hat diese Ideologie im Laufe des Patriarchats viele Wandlungen durchgemacht, aber es ging stets um das eine: um den Besitz an Kindern, das heißt an Söhnen, um das geraubte oder zusammengeraffte Gut an die Richtigen zu vererben. Die Psychologie von Kindern zeigt hingegen, dass sie am meisten an denjenigen hängen, die verstehend und gütig für sie da sind. Sie hängen emotional z.B. mehr an Pflegeeltern als an den (abwesenden) biologischen Eltern, trotz aller Gene. Genauso verhält es sich mit den „sozialen Vätern" im Matriarchat, den Mutterbrüdern.

Wie die Biologie des Vaters ausschlaggebend für das Wohlergehen der Kinder sein soll, ebenso wird es für die Biologie der Mutter postuliert – obwohl diese sicher eine größere Rolle spielt (siehe Beitrag von Alice Marianne Krins). Auch das ist ein patriarchales Versatzstück, diesmal aus der Mutterschafts-Ideologie. Diese bürdet einer einzelnen Frau mittels der Gene die ganze Last des Großziehens der Kinder allein auf, egal, ob sie nun Hausfrau, berufstätig oder alleinerziehend ist. Auf diese Weise wird eine Frau anfangen, sich an die Kinder zu klammern, für die sie soviel „opfert", außerdem hat sie keine Kraft mehr, das Patriarchat in Frage zu stellen – was beabsichtigt ist. Es ist deswegen immer misslich, mit der biologischen Mutterschaft zu argumentieren, wenn es um alternative Gesellschaftsmodelle geht. Genauso misslich ist es, wenn unterstellt wird, dass damit die Blutsverwandtschaft zwischen Mutter und Kind zerrissen werden soll, ausgerechnet bei der matriarchalen Leitidee!

Interessanter klingt dagegen die Überlegung, ob es sich bei Matriarchaten um „Gemeinschaft" handle, bei Patriarchaten hingegen um „Gesellschaft". Im Matriarchat soll die Gemeinschaft im Sinne von persönlicher Verbundenheit dominant sein, im Patriarchat hingegen die Gesellschaft im Sinne von Rationalisierung menschlicher Beziehungen und Ausbildung von Institutionen. Die Zukunft soll dann eine komplementäre Form sein, die aus einer globalen Gesellschaft mit vielen lokalen Gemeinschaften besteht (siehe Beitrag von Iris Kunze).

Allerdings ist dies zu einfach gedacht. Es sieht aus wie ein Versuch, mit einem starren Schema von Begriffen so etwas wie eine Stufentheorie der Geschichte zu produzieren, bei der es immer höher und besser wird, je länger die Sache fortschreitet. Auch schwingt die Primitivitäts-These vom Matriarchat wieder mit, wobei es keineswegs klar ist, ob etwas zeitlich Früheres tatsächlich primitiver war als etwas zeitlich Späteres.

Die moderne Matriarchatsforschung hat gezeigt, dass Matriarchate eine Kombination aus Gemeinschaften: den Clans, und aus Gesellschaft sind: alle Institutionen, welche die Clanhäuser auf den komplexeren Ebenen wie Dorf, Stadt, Region verbinden. Allerdings ist dieser Aufbau organisch und ohne Hierarchie. Die gesellschaftlichen Regeln, welche eine ganze Region verbinden, sind hochinteressant, weil sie ohne Staat auskommen und dennoch sehr effektive Verbindungen darstellen.

In Patriarchaten hingegen sind Gesellschafts-Institutionen hierarchisch aufgebaut und beuten die Gemeinschaften (Familie, Clan) aus, wobei jedoch bereits die Familie und der Clan auch patriarchal organisiert sind. Das geht auf allen Ebenen zu Lasten der Frauen. Denn diese leisten überall das Maß an notwendiger mitmenschlicher Arbeit, ohne welche die patriarchalen Institutionen: Familie, Clan, Gesellschaft, nicht funktionieren könnten – ohne dass dies sichtbar oder gar honoriert wird. Insofern saugt das Patriarchat auch die eigenen patriarchalen Gemeinschaften aus, bis diese zerbrechen, wie heute bei der Atomisierung der Gesellschaft in lauter Einzelne zu beobachten ist.

Zusammenfassend muss ich deshalb leider sagen, dass die Gegenüberstellung von Gemeinschaft als matriarchal und Gesellschaft als patriarchal schief ist. Es ist eine abstrakte Konstruktion, die der Sachlage nicht gerecht wird.

☐ Antworten zur matriarchalen Spiritualität

Ein großes Problem tut sich auf, wenn matriarchale Spiritualität mit „spezifisch weiblicher" Spiritualität verwechselt wird und patriarchale Religionen mit „spezifisch männlicher" Spiritualität (siehe Beitrag von Jochen Kirchhoff). Hier wird wieder eine Weiblich-Männlich-Konstruktion erzeugt, bei der niemand genau weiß, was das „Weibliche" und das „Männliche" sein sollen. Und niemand wird es auch in Zukunft wissen, denn es handelt sich um leere Wesensdefinitionen essenzialistischer Prägung.

Dagegen können wir immer beschreiben, was Frauen und Männer in konkreten Gesellschaften im Rahmen matriarchaler Spiritualität taten und tun, ebenso Männer und Frauen in konkreten Gesellschaften im Rahmen patriarchaler Religionen. Denn diese Fragestellung schließt die Analyse von Geschichte und Kultur ein – das ist der große Schritt, den die Matriarchatsforschung vorwärts macht. Denn sie erforscht Gesellschaftsmuster und benötigt keine Ideologien vom Weiblichen oder Männlichen an sich.

Ferner wird ein typischer Gegensatz konstruiert zwischen Transzendenz als dem „Höheren" und Immanenz als dem „Physisch-Sinnlichen", der in allen patriarchalen Religionen vorkommt. Wenn aber im matriarchalen Weltbild die ganze Welt im Sinne von Welt-All als göttlich betrachtet wird, dann wird dieser Gegensatz überflüssig. Doch es wird hier so getan, als seien mit der matriarchalen Immanenz nur unsere nächsten Bedürfnisse und Geschäfte auf der Erde gemeint, und es wird mir bzw. der matriarchalen Spiritualität „Enge" bescheinigt, die jeden „Aufstieg der Seele" blockiere. Und dann wird dieser erfundenen Enge das „kosmische Bewusstsein" und das „Transpersonale" gegenübergestellt (siehe Jochen Kirchhoff).

Jedoch ist dies lediglich die Enge des Denkens und der Begrifflichkeit patriarchaler Provenienz. Patriarchale Religiosität bzw. Spiritualität hat immer die „Welt" (weiblich konnotiert) abgewertet zugunsten der Konstruktion einer numinosen und ungreifbaren „Transzendenz" jenseits davon (männlich konnotiert), ganz gleich, ob dies aus dem Christentum, Islam oder Buddhismus stammt. Die Flucht vor dieser niedrigen, unreinen, bösen Welt ist damit programmiert. Im matriarchalen Bewusstsein gehört aber auch der Kosmos und alles Transpersonale mit zur Welt (Welt-All) und ist nicht außerhalb davon. Deshalb könnten wir auch eine „matriarchale Transzendenz“ benennen, diese würde lauten: Alles ist mit allem verbunden! Denn der Kosmos umfasst als ein Kontinuum alles: die gesamte kosmische und irdische Natur, die menschlichen Gesellschaften, die Einzelnen. Gemäß dem matriarchalen Makrokosmos-Mikrokosmos-Prinzip steht alles in Wechselbeziehung zueinander und spiegelt sich ineinander. Ganz abgesehen davon können wir Menschen uns nicht anmaßen, zu wissen, was der Kosmos ist – mit Sicherheit nicht nur das, was die Physik in ihrer reduzierten Sprache beschreibt. Deshalb benötigt die matriarchale Spiritualität keine Transzendenz außerhalb des Kosmos, dieser selbst ist transzendent und immanent zugleich.

Deshalb behaupte ich, dass die Art, wie matriarchale Menschen in ihren verschiedenen Kulturen mit dem Kosmos in Einklang treten, grundsätzlich transpersonales kosmisches Bewusstsein ist. Heute müssen wir uns das mühsam wieder erarbeiten. Und wenn fernöstliche Weisheiten noch einen Hauch davon enthalten, stammen sie in der Regel aus sehr alten, vorpatriarchalen Quellen.

Hingegen ist es ein patriarchales Muster, Gegensätze zu konstruieren wie: Einzelne versus Gesellschaft oder Kosmos versus Gesellschaft. Auch die unaufhörlich wiederholte Spaltung von „Welt“ und „Geist“ können wir uns schenken. Denn die Welt als das gesamte Welt-All ist Geist und umgekehrt. Typisch ist ferner für die patriarchale Spiritualität, dass der Tod zum Angelpunkt aller Religion gemacht wird. Das ist keine „Urfrage“ (siehe Jochen Kirchhoff), sondern eine geschichtlich entstandene. In der matriarchalen Spiritualität steht hingegen das Wunder der Wiederkehr des Lebens im Zentrum. Denn diese Spiritualität ist grundsätzlich lebensfreundlich orientiert. Bei dem Wunder des Lebens begann das Nachdenken und Philosophieren.

Weiterer Punkt: Hierarchie wird in der Matriarchatsforschung nicht „verteufelt“ (sie kennt überhaupt keine Teufel), sondern es wird analysiert, was Hierarchie mit Herrschaft zu tun hat, auch religiöser

Art, und was sie den Menschen an Leid zufügen. Doch Über- und Unterordnung werden als ewig postuliert. Sie müssen sein, weil „spirituelle Basisdemokratie“ angeblich den Geist einebnet (siehe Jochen Kirchhoff). Doch „Basisdemokratie“ ist ein politischer und kein spiritueller Begriff und hier fehl am Platze. Außerdem handelt es sich um ein zynisches Argument, auf das ich keine Antwort gebe.

Leider folgt auf diese Unterstellung die nächste, nämlich dass ich die matriarchale Spiritualität „absolut setze und alles andere herunterstufe, auch den Zen-Buddhismus“. Eine solche Aussage ist aber nur möglich, weil man das Denken in Über- und Unterordnung nicht lassen kann. Deshalb fehlt hier leider die Fähigkeit, eine andere Denkweise zu verstehen, nämlich die integrierende oder integrale, welche Über- und Unterordnung nicht kennt, auch nicht in der geistigen Begrifflichkeit. Aber sie kennt sehr wohl die Analyse lebensfeindlicher Muster, egal, woher diese stammen, daher gehört zu diesem integralen Denken auch die entschiedene Patriarchatskritik. Auch Zen-Buddhismus und Systemtheorie müssen sich nach ihren verinnerlichten patriarchalen Denkschemata befragen lassen. Gleichzeitig ist dies anspruchsvolle kulturhistorische Arbeit nach wissenschaftlichem Maßstab, denn sie untersucht, wie das entstanden ist. Diese Arbeit ist gleichermaßen weit entfernt von Absolutsetzungen wie vom Relativismus.

Und erst die „Totalsakralisierung des Alltags“ (Jochen Kirchhoff) in der matriarchalen Spiritualität – was für ein Wort-Ungetüm und was für eine Fehl-Idee! Es wird hier ignoriert, dass aus der matriarchalen Immanenz, die ganze Welt (Welt-All) als göttlich zu betrachten – was ja zugleich „Transzendenz“ ist – logisch folgt, dass auch alles als heilig betrachtet wird. Es kann deshalb gar keine Spaltung von Sakralem und Profanem geben. Wie das gelebt wird, lässt sich an den Menschen beobachten, die heute noch in den letzten matriarchalen Gesellschaften leben und die sich kaum um unsere europäische Arroganz, ihnen dieses spirituelle Leben abzusprechen, kümmern. Es lässt sich außerdem geschichtlich nachzeichnen, wann das Profane vom Sakralen abgespalten wurde, nämlich zu Beginn des frühen Patriarchats. Und das, was als „profan“ gekennzeichnet wurde, konnte dann zerstört, vergewaltigt, erschlagen, getötet werden, denn es hatte seine göttliche Würde verloren. Das ist die zweckrationale Logik des Krieges, der damals in die Welt kam. Das sollte uns zu denken geben.

4 Briefwechsel mit Carola Meier-Seethaler

□ Brief von Carola Meier-Seethaler

Liebe Frauen von „MatriaVal", ich habe die erste Nummer Eurer Zeitung für matriarchale Werte mit grossem Interesse gelesen. Obwohl darin viele interessante Informationen stehen, bin ich doch einigermassen geschockt über die Zukunftsidee einer neo-matriarchalen Gesellschaft, wie sie Heide Göttner-Abendroth und Claudia von Werlhof beschreiben.

Ich finde dieses Projekt nicht nur unrealistisch, sondern auch kontraproduktiv. Ein Gesellschaftsmodell, das die leiblichen Väter prinzipiell aus der Familie bzw. aus der Sippe ausschließt, setzt die großen Anstrengungen eines Teils der jungen Väter, eine gleichgewichtige Elternschaft zu leben, aufs Spiel und gießt Öl ins Feuer des Geschlechterkampfes.

Ich hatte schon vor 20 Jahren in meinem ersten Buch „Ursprünge und Befreiungen" die nicht blutsverwandte Sippe in Form des verbundenen Wohnens propagiert und dabei an ganz unterschiedliche Familiengruppen wie Elternpaare, Alleinerziehende, homosexuelle Paare oder auch Einzelpersonen gedacht, um die reziproke Arbeitsteilung zwischen Männern und Frauen zu ermöglichen.

Hingegen halte ich die Wiederbelebung der Besuchsehe alten Zuschnitts und die Einrichtung nicht blutsverwandter Schwester-Bruder-Beziehungen in unserer heutigen Welt weder für möglich noch wünschbar. (Besuchsehe bei kinderlosen Paaren wird heute bereits praktiziert, und das hat viel für sich. Ebenso die Unterscheidung zwischen lebenslanger Elternschaft und zeitlich begrenzten Liebesbeziehungen bzw. Ehen, was dann zu „Patchwork-Familien" führt). In dem von MatriaVal geschilderten Modell bleiben wesentliche Probleme ungelöst:

1. Wie sollen sich mehrere Wahlbrüder und Wahlschwestern zu einem harmonischen Ganzen vereinen, die ja nicht von Kind auf zusammengewachsen und füreinander verantwortlich sind? Wir können doch die Tatsache des hohen Individualisierungsstandes aller Mitglieder unserer heutigen Gesellschaft nicht einfach ignorieren. Ausserdem hätten in nicht-agrarischen Verhältnissen die Bruder-Männer gar keine eigene Funktion wie in indigenen Verhältnissen, wo die Brüder ihre Neffen in die Landarbeit und in sakrale Funktionen einweisen. Sie wären dann einfach Hilfspersonal für die Mütter.

2. Frage: Wo soll in unseren städtischen Verhältnissen der Ort für die gelebte erotisch-sexuelle Partnerschaft sein? Dazu müssten ja erst entsprechende Sippenhäuser gebaut werden. Und wer sagt, dass sich nicht einer der Wahlbrüder in eine der Wahlschwestern verliebt?

3. Die Zumutung an heutige Väter, keinerlei Mitbestimmungsrecht für ihre leiblichen Kinder zu haben, finde ich einfach absurd. Das kann ja nur zu aggressiven Männerbewegungen führen. Dieses Konzept muss sich den Vorwurf des Biologismus gefallen lassen, weil es die Mutterschaft zu einseitig betont und die Vaterschaft ignoriert, bzw. die Selbstidentität des Mannes in die des Bruders/sozialen Vaters und die des Geliebten/leiblichen Vaters aufspaltet. In vielen indigenen Gesellschaften hat ja gerade diese Spannung zu gesellschaftlichen Veränderungen geführt: zur virilokalen Eheresidenz, zur bilateralen oder patrilinearen Sippe und schließlich leider zum patriarchalen Familiensystem.

Ich habe eine ganz andere Vorstellung von der Beendigung des Geschlechterkampfes, der ja zu allen Zeiten vom Gebärneid des Mannes angestachelt wurde: Ich gehe von der Tatsache aus, dass wir als menschliche Säugetiere eine Besonderheit aufweisen, dass nämlich das Menschenkind ein zu früh geborener Fötus ist, wie Adolf

Portmann dies bezeichnete. Und zwar muss es wegen des großen Hirn-und Schädelumfangs um Monate zu früh geboren werden, damit es den Geburtskanal überhaupt noch passieren kann. Portmann spricht deshalb von einer intrauterinen und einer extrauterinen Embryonalzeit. Ich nenne es Tragzeiten, wobei sich Mütter und Väter die extrauterine Tragzeit teilen können. Und längst ist erwiesen, dass sich Männer – mit Ausnahme des Stillens – ebenso geschickt um die kleinen Babys kümmern. Das setzt aber die leibliche Verwandtschaft voraus. Es ist doch ein Unterschied, ob ich mich als Mann um die Kinder meiner Schwester intensiv kümmere oder um die Kinder fremder Frauen, ohne jemals eines der Kinder adoptieren zu können! Das Beispiel der Trobriand-Insulaner zeigt, dass die Kleinstkindbetreuung durch Männer nur dann wirklich funktioniert, wenn es sich um die leiblichen Väter handelt, die mit ihren Frauen eine eigene Residenz in unmittelbarer Nähe zum Matri-Clan bewohnen.

Natürlich unterschreibe ich alle kritischen Analysen der patriarchalen Mentalität mit ihrer Spaltung zwischen Geist und Materie und der Abwertung des Leiblichen. Um aber die Männer aus ihrer verhängnisvollen Überkompensation und aus ihrer Flucht in die „reine“ Welt des abgespaltenen Geistes oder in die intellektuelle Herrschaft über die Natur zurückzuholen, bedarf es wirklich einer anderen Strategie als die Re-Matriarchalisierung der Gesellschaft, wie sie Eurer Vereinigung vorschwebt.

Ich bedaure diese Entwicklung außerordentlich, denn ich setze mich seit Jahrzehnten für die Überwindung des Patriarchats und eine echte partnerschaftliche Gesellschaft ein. So sehr ich der Meinung bin, dass uns vorpatriarchale Gesellschaften eine Fülle von Anregungen zu bieten haben, so halte ich jede fundamentalistische Konzeption für verfehlt. Sie kann nur die gegenläufige Tendenz zur Re-Patriarchalisierung der Gesellschaft, wie sie bereits als Reaktion auf die zweite Frauenbewegung im Gang ist, neu anheizen.

Auch macht es mich traurig, wahrnehmen zu müssen, in wie gegensätzliche Fraktionen sich die Frauenbewegung in den letzten Jahrzehnten aufspaltet, die sich damit gegenseitig neutralisieren: Auf der einen Seite die Anhängerinnen Judith Butlers, die den Geschlechterkampf dadurch aufzulösen glauben, dass es in Wirklichkeit gar keine zwei Geschlechter gibt; auf der anderen Seite die Überzeugung, die Frauen seien das eigentlich bedeutende und womöglich von Natur aus bessere Geschlecht, und Männer sollen sich den Frauengemeinschaften ein- bzw. unterordnen.

Auf diese Weise werden wir auf dem Weg zur Frauenbefreiung ständig einen Schritt vorwärts und zwei Schritte zurück machen, statt zu einer von Grund auf befriedeten Gesellschaft zu gelangen.

□ Antwort

Liebe Carola, mit großer Verwunderung habe ich Deinen Brief gelesen und mich zunehmend davon abgestoßen gefühlt. Es fehlt an keinem krassen Vorwurf: Biologismus, Fundamentalismus, Re-Patriarchalisierung der Gesellschaft durch meine und Claudias Überlegungen zu einer zukünftigen Gesellschaft – was für ein sonderbarer Aufschrei! Und das ohne eine offene Diskussion mit Claudia oder mir. Stattdessen warnst Du andere mit erhobenem Zeigefinger vor der „Gefährlichkeit" von Ansichten, die Du nicht teilst.

Dein aggressiver Stil scheint mir aus dem Missverstehen zu kommen, ich würde eine „allgemein verbindliche Zukunftsvision" vorschlagen. Aber wo sage ich das? Ein Vorschlag ist nie allgemein verbindlich, sondern eben nur ein Vorschlag. Die Zeiten der absolut (besser)wissenden Philosophen, welche die Attitüde von Propheten annahmen, sind glücklicherweise vorbei.

Als sachliche Punkte führst Du an, ich würde ein neo-matriarchales Gesellschaftsmodell beschreiben, das die leiblichen Väter prinzipiell aus der Familie oder Sippe ausschließt.

Dazu Folgendes:

Sobald Menschen beginnen, das Patriarchat zu verlassen, bewegen sie sich in Richtung neuer matriarchaler Muster, ob sie das nun wissen und so benennen oder nicht, uns selbst eingeschlossen. Denn matriarchal ist alles, was nicht-patriarchal ist. Das setzt natürlich eine tiefe Analyse und Kenntnis von dem voraus, was Patriarchat ist – und ebenso, was Matriarchat als eine Gesellschaft ohne Herrschaft ist. Davon ist mittlerweile genug zu hören und zu lesen, auch auf dem Weltkongress 2003, auf dem Du ja dabei warst.

Ich nenne es ein „Modell", weil es eine Reihe in sich zusammenhängender Züge hat, aber nicht, weil es ein festgeschriebenes Muster wäre, das man anderen überstülpen müsste. Niemand von uns weiß, was die Menschen, die das Patriarchat verlassen, in Zukunft denken und tun werden. Ein solches offenes Modell kann aber Anregungen und Ideen vermitteln – und dafür ist die Matriarchatsforschung außerordentlich wichtig, und ebenso, Ergebnisse daraus in einer Zukunftsprojektion vorzuschlagen.

Am meisten scheinst Du Dich daran zu stoßen, dass angeblich die „leiblichen Väter prinzipiell aus der Familie bzw. Sippe ausgeschlossen werden sollen". Ich denke, dies bezieht sich auf den Vorschlag in meinem MatriaVal-Artikel, dass eine Gruppe von Müttern sich Männer wählt und in den symbolischen Clan einlädt, die darin die Rolle der „Brüder" haben, während die Liebhaber in anderen Clans wohnen. Dabei ist folgendes mitgedacht (was Du bei einem Dialog leicht von mir hättest erfahren können):

1. Bei offenen Liebesbeziehungen ist die Vaterschaft ungewiss – das war früher so und ist heute zunehmend so. Glücklicherweise neigen viele Menschen heute immer mehr dazu, sich die Freiheit in der Erotik zu nehmen, sowohl Männer wie Frauen. Oder plädierst Du wieder für die strikte Monogamie für Frauen, damit die „Väter" ihre Vaterschaft stets erkennen können?

2. Bei dieser Offenheit der Beziehungen bleiben heute, selbst wenn der Vater bekannt ist, in der Regel alleinerziehende Mütter übrig, die obendrein dank des neuen Vaterschaftsgesetzes nicht selten von den abwesenden Vätern drangsaliert werden. Das ist ein a-sozialer Zustand höchsten Grades. In einer solch elenden Situation für viele Mütter ist es nur naheliegend, dass sie sich zusammenschließen

– und damit besteht der Kern eines neuen Matri-Clans. Sollten sie dann die ohnehin abwesenden oder sogar drangsalierenden „Väter" in ihren Clan einladen, damit dieselben Probleme dort weitergehen? Da ist die Lösung, sich wirklich sozial verhaltende „Brüder" zu suchen, sicher die bessere.

Du siehst also, ich gehe nicht davon aus, traditionelles Matriarchat direkt auf unsere Gesellschaft übertragen zu wollen, sondern ich gehe von den hier und jetzt bestehenden Problemen bei meinen Vorschlägen aus. Und diese rufen geradezu nach neuen matriarchalen Mustern!

3. Ferner habe ich gesagt, dass es ein großes Problem ist, dauerhafte, sichere Beziehungen – wie Kinder sie brauchen – auf wechselhaften Gefühlen wie der Liebe aufzubauen. Daher mein Vorschlag, dass die Liebhaber in anderen Clans wohnen. Was dabei herauskommt, das ganze Leben einschließlich der Sicherheit der Kinder auf der romantischen Liebe zweier Menschen aufzubauen, das kannst Du an den Problemen der spätbürgerlichen Kleinfamilie heute ablesen: an den Gewalttätigkeiten aus Hass, an den vernachlässigten Kindern, an den Scheidungswaisen, usw. Und das alles, nur damit sich Männer so recht als „Väter" fühlen können? Ich möchte nicht annehmen, dass Du für die bürgerliche Kleinfamilie plädierst und der heute herrschenden Vaterschaftsideologie aufsitzt.

4. Die Sache mit der Partnerschaft! Ich wüsste gern endlich genauer, was darunter zu verstehen ist: Partnerschaft in der katholischen Dauer-Ehe? Partnerschaft in der bürgerlichen Kleinfamilie? Partnerschaft in allen Berufen? Partnerschaft bei den Konzernen, beim Militär und sogar beim Papst? Oder Partnerschaft in Sippen – sie könnte ja auch dafür gelten. Und dann wären wir wieder beim Matriarchat, denn dort gibt es sie tatsächlich.

Doch bei den Verfechterinnen und Verfechtern dieses ungeklärten Modebegriffs „Partnerschaft" scheint die bürgerliche Kleinfamilie gemeint zu sein – und das ist nicht gerade ein fortschrittliches Muster. Darin gibt es jetzt angeblich die idealen, biologischen Väter, die sich „partnerschaftlich" um die Kinder bemühen, abgesehen von Geburt und Stillzeit.

Ich kenne solche jungen Väter – mein eigener Sohn gehört dazu. Und ich weiß, wie unendlich das Bemühen dieser jungen Männer sein kann. Aber sie sind in der Minderheit. Was viel schlimmer ist: Die geltenden Berufsstrukturen hindern sie daran, so sehr Väter zu sein wie sie möchten – und das wird ihnen unbarmherzig von außen aufgezwungen, bei Strafe des Verlustes des Arbeitsplatzes. Denn sie sind im Patriarchat! Wie sollen auch junge Männer durch ihr Bemühen allein diese patriarchalen Strukturen aufheben können? Du siehst, auch bei allem Individualisierungsstand, idealistischem Bewusstsein und redlichem Bemühen ist eine gleichwertige Partnerschaft auf dem Boden des Patriarchats nicht möglich. Daran sehe ich gerade diese idealistischen jungen Männer und Frauen leiden.

5. Ich kann mir vorstellen, dass ein solcher Vater-Mutter-Kind-Bund im Rahmen eines symbolischen Clans besser aufgehoben wäre – und ich kenne gut funktionierende Gemeinschaften, die das tun. Aber hier werden die Rollen der individuellen Mütter und Väter fließend, und die biologische Vater- und Mutterschaft ist nicht mehr so wichtig. Es gibt eine gemeinschaftliche Mitbestimmung, und es gibt vor allem die freie Wahl der Bezugspersonen vonseiten der Kinder. Ich habe nicht gesehen, dass dabei ein einziger junger Mann an einem Mangel an eigenen Funktionen gelitten hätte. Wohl aber leiden sie noch an dem aus der bürgerlichen Kleinfamilie mitgeschleppten Fehlverhalten wie Eifersüchteleien und Besitzverhalten gegenüber den Kindern – aber sie erkennen das wenigstens.

Das Hauptproblem bei Deinem Angriff scheint mir Dein äußerst psychologistischer Ansatz zu sein, über den wir vor Jahren schon miteinander diskutiert haben. Dazu habe ich eine Reihe von Fragen an Dich:

1. Könnte der angebliche „Individualisierungsstand" in unserer Gesellschaft nicht eine wohlgepflegte Ideologie sein, die verschleiert,

dass wir uns in einer Massengesellschaft befinden, in welcher die Bürgerinnen und Bürger zunehmend weniger zu sagen haben? In welcher ihr sozialer Boden und ihre demokratischen Rechte zunehmend abgebaut werden? Natürlich sollen sie das nicht merken, denn ganz individuell können sie ja konsumieren, was sie wollen – eben Massenware, was dem globalisierten Kapitalismus sehr dienlich ist.

2. Zu allen Zeiten wurde nach Deinen Worten der Geschlechterkampf vom Gebärneid des Mannes angestachelt. Woher weißt Du das? Warst Du überall dabei, um zu wissen, dass es zu allen Zeiten Geschlechterkampf gab? Ich bin der Auffassung, dass der berühmte „Gebärneid" ein psychologistisches Klischee aus unserer patriarchalen Spätzeit ist, nichts anderes.

3. Genauso verhält es sich mit Deiner Bemerkung, dass in matriarchalen Gesellschaften die Aufteilung der männlichen Rolle in Bruder/sozialer Vater und Geliebter/biologischer Vater zu Spannungen geführt habe. Woher nimmst Du die Sicherheit, dies so pauschal zu behaupten? Und denken matriarchale Menschen überhaupt so, denken sie im Gegensatz von sozialem Vater und biologischem Vater? Ich habe bei meinen Forschungen festgestellt, dass sie überhaupt nicht in Vaterschaftsbegriffen denken und schon gar nicht den typisch patriarchalen Besitzanspruch damit verbinden. Im Patriarchat bedeutet Vaterschaft in erster Linie, Rechte über andere zu haben, eben Macht.

Du führst als einziges Beispiel die Trobriander mit ihrer virilokalen Ehe-Residenz bei matrilinearer Verwandtschaft an. Dabei hat dieses soziale Muster nichts mit den Vätern zu tun, sondern es geht auf die problematische Geschichte der Trobriander zurück und auf den Einfluss ihres virilokalen Häuptlingstums, das Ansätze zur Herrschaft zeigt.

4. Nun zu Deiner Idee, die Männer hätten sich aus „Überkompensation" in die reine Welt des abgespaltenen Geistes geflüchtet, in die intellektuelle Herrschaft über die Natur. Etwa nur deshalb, weil sie

ihre biologischen Babies nicht hüten durften? Und wo bitte haben sie sich in diese intellektuelle Herrschaft begeben, im Patriarchat oder im Matriarchat? Hier geht doch wirklich alles durcheinander, weil man, durch die enge, psychologistische Brille betrachtet, die gesellschaftlichen und geschichtlichen Vorgänge so gut wie nicht in den Blick bekommt. Ich wäre froh, wenn Männer nur die intellektuelle Herrschaft innehätten und nicht auch die reale, die sie mit Gewalt und Krieg aufrecht erhalten!

5. Es kommt des Pudels Kern des psychologistischen Denkens hervor, wenn es nur eine kleine Änderung im Familiensystem braucht, eben den biologischen Vater an die richtige Stelle zu setzen – und schon sind wir im patriarchalen Familiensystem! Wenn Du das patriarchale Familiensystem nicht gut findest, warum plädierst Du dann so sehr für die biologischen Väter an der richtigen Stelle?

Ferner ist diese simple These von der Entstehung des Patriarchats – als sei Patriarchat nur ein Familiensystem – eine Folge davon, dass der „Gebärneid" des Mannes (und seine angeblich untergeordnete Rolle im Matriarchat) die Ursache für alles sein soll. In der Tat fühlen etliche patriarchale Männer so: Sie sind vom Gebärneid gebeutelt und fühlen sich schon dann unterdrückt, wenn sie nicht ständig im Mittelpunkt stehen. Ihre Gefühle werden nun in die Geschichte rückprojiziert – als ob solche Gefühle für alle Zeiten gelten, schlimmer noch: als ob das Patriarchat lediglich durch irgendwelche Gefühle herbeigekommen sei.

Dass Patriarchat ein Herrschaftssystem ist, und zwar auf allen Ebenen, geht dabei völlig verloren. Und dass Herrschaft zuerst erfunden worden sein musste, um uralte Familien- und Sippenmuster überhaupt so brutal verändern zu können, wird nicht erkannt. Im Dunkeln bleibt auch, dass es in den noch lebenden matriarchalen Gesellschaften keine Anzeichen dafür gibt, dass die matriarchalen Männer darin aus „Gebärneid" zum patriarchalen Familiensystem streben und die Feinde ihrer eigenen Gesellschaften sind. Denn wenn das so wäre, dann gäbe es diese matriarchalen Gesellschaften heute gar nicht mehr.

Zuletzt: Ich bin weder eine Anhängerin Judith Butlers, noch vertrete ich die These, die Frauen seien das bessere Geschlecht. Was ich denke, steht deutlich in meinen Veröffentlichungen, die Du doch kennst? Es ist schon eine merkwürdige Methode, eine Autorin wegen der Gedanken anderer Autorinnen anzugreifen …

Anhang

Biographische Notiz

Heide Göttner-Abendroth ist Philosophin und Kultur- und Gesellschaftsforscherin mit Schwerpunkt matriarchale Gesellschaftsform.

Sie wurde 1941 in Thüringen geboren und hat drei Kinder, zwei Töchter und einen Sohn. 1973 promovierte sie an der Universität München in Philosophie und Wissenschaftstheorie. Danach lehrte sie zehn Jahre in München Philosophie und publizierte weitere wissenschaftstheoretische Arbeiten in mehreren Sprachen.

1976 schloss sie sich aus Protest gegen die institutionalisierte Wissenschaft und die Benachteiligung der Frau in der Universität der Neuen Frauenbewegung an und wurde zu einer der Pionierinnen der Frauenforschung in Westdeutschland. Schon immer an Gesellschaftsentwürfen interessiert, wurde sie als profunde und scharfsichtige Kritikerin des Patriarchats bekannt. Ihre mehr als dreißigjährige Forschungsarbeit und zahlreiche Publikationen machten sie zur Begründerin der modernen Matriarchatsforschung.

1986 gründete sie die autonome Frauen-Akademie „HAGIA. Internationale Akademie für moderne Matriarchatsforschung und matriarchale Spiritualität" bei Passau in Deutschland, deren Leitung sie seither innehat. In den letzten Jahren hat sie die Akademie für Frauen und Männer geöffnet.

Neben ihrer fortwährenden Öffentlichkeitsarbeit in In- und Ausland und vor den unterschiedlichsten Kreisen nahm Heide Göttner-Abendroth Lehraufträge an mehreren Universitäten wahr (Bremen, Hamburg, Kassel u. a.). 1980 hatte sie eine Gastprofessur in Montréal, Kanada, 1992 eine Gastprofessur in Innsbruck, Österreich, inne. 1992 erhielt sie von der Universität Bremen ein Kurzzeit-Stipendium für ihre Matriarchatsforschung. Seit 1998 ist sie Mitglied des „Institute of Archaeomythology“ in Kalifornien, USA.

Im Jahr 2003 organisierte und leitete sie den ersten Weltkongress für Matriarchatsforschung: „Gesellschaft in Balance“, in Luxemburg und im Jahr 2005 den zweiten Weltkongress für Matriarchatsforschung: „Societies of Peace“, in Texas, USA.

Sie gehört zu den Frauen, die im Rahmen der weltweiten Initiative „1000 Frauen für den Friedensnobelpreis 2005“ nominiert wurden.

(www.goettner-abendroth.de)

☐ Internationale Akademie Hagia

„HAGIA. Internationale Akademie für moderne Matriarchatsforschung und matriarchale Spiritualität“ wird seit der Gründung 1986 von Heide Göttner-Abendroth geleitet. HAGIA ist eine unabhängige, freie Institution und in erster Linie Frauen gewidmet. Sie ist gegenwärtig die einzige ihrer Art weltweit, die sich dem Thema Matriarchat ausdrücklich in der wissenschaftlichen Forschung und Lehre sowie der künstlerisch-spirituellen Gestaltung widmet.

Das Programm enthält Wochenend-Seminare und mehrjährige Studiengänge, ferner umfasst es Kunst-Ausstellungen und künstlerisch-spirituelle Gestaltungen (Feste) im Jahreskreis.

In jedem Jahr werden neue Forschungs- und Studienreisen unternommen, die in viele Länder Europas und nach Asien, Afrika und Amerika führen. Als archäologische Reisen sind sie den historischen Zeugnissen der matriarchalen Kultur vor Ort gewidmet, als ethnologische Reisen den heute noch lebenden matriarchalen Völkern.

Im Jahr 2003 hatte die Internationale Akademie HAGIA die Trägerschaft für den ersten Weltkongress für Matriarchatsforschung: „Gesellschaft in Balance“, der in Luxemburg stattfand. Im Jahr 2005 hatte sie – gemeinsam mit dem „Center for the Study of the Gift Economy“ – die Trägerschaft für den zweiten Weltkongress für Matriarchatsforschung: „Societies of Peace“, in Texas, USA.

(www.hagia.de)

Buchveröffentlichungen

- Die Göttin und ihr Heros. Die matriarchalen Religionen in Mythos, Märchen, Dichtung; Verlag Frauenoffensive, München 1980–1997 (11 Auflagen)
- Die tanzende Göttin. Prinzipien einer matriarchalen Ästhetik; Verlag Frauenoffensive, München 1982–2001 (6 Auflagen)
- Für die Musen – Neun kulturkritische Essays I; Verlag Zweitausendeins, Frankfurt 1988–1999 (9 Auflagen)
- Für Brigida – Neun kulturkritische Essays II; Verlag Zweitausendeins, Frankfurt 1998–2000
- Das Matriarchat I – Geschichte seiner Erforschung; Kohlhammer-Verlag, Stuttgart 1988–1995 (3 Auflagen)
- Das Matriarchat II, 1 – Stammesgesellschaften in Ostasien, Indonesien, Ozeanien; Kohlhammer-Verlag, Stuttgart 1991–1999
- Das Matriarchat II, 2 – Stammesgesellschaften in Amerika, Indien, Afrika; Kohlhammer-Verlag, Stuttgart 2000
- Matriarchat in Südchina; Kohlhammer-Verlag, Stuttgart 1998
- Mythologische Landschaft Deutschland; (Hg. zusammen mit Kurt Derungs), Edition Amalia, Bern 1999
- Die Diskriminierung der Matriarchatsforschung – Eine moderne Hexenjagd; (Hg. AutorInnengem.), Edition Amalia, Bern 2003
- Inanna. Gilgamesch. Isis. Rhea. – Die großen Göttinnenmythen Sumers, Ägyptens und Griechenland; Ulrike Helmer Verlag, Königstein 2004

- Fee Morgane. Der heilige Gral. – Die großen Göttinnenmythen des keltischen Raumes; Ulrike Helmer Verlag, Königstein 2005
- Frau Holle. Das Feenvolk der Dolomiten. – Die großen Göttinnenmythen Mitteleuropas und der Alpen; Ulrike Helmer Verlag, Königstein 2005
- Gesellschaft in Balance. Dokumentation des 1. Weltkongresses für Matriarchatsforschung 2003 in Luxemburg; (Hg.), Edition Hagia und Kohlhammer Verlag, Stuttgart 2006
- 1982: Landschaften aus der Gegenwelt – Gedichte 1976–1982
- 1992: Magier-Frau – Gedichte 1977–1989

Filme

- Matriarchat der Mosuo. Bilder eingefangen auf einer Forschungsreise der Akademie HAGIA nach Südchina im April 1993, Film von Heide Göttner-Abendroth; Produktion Akademie HAGIA 1998
- Gesellschaft in Balance. Dokumentation des 1. Weltkongresses für Matriarchatsforschung 2003 in Luxemburg, Film von Uschi Madeisky und Gudrun Frank-Wissmann; Produktion tomult und Gudurata, Frankfurt 2004
- Das Jahr der Erde. Matriarchale Mysterienfeste in der Akademie HAGIA, Film von Uschi Madeisky, Gudrun Frank-Wissmann und Heide Göttner-Abendroth; Produktion UR-KUL-TUR, Frankfurt 2006